A. Galland, K. Ries, R. Ahnert
Die deutsche Luftwaffe 1939–1945

A. Galland, K. Ries, R. Ahnert

Die deutsche Luftwaffe 1939–1945

Eine Dokumentation in Bildern

KARL MÜLLER VERLAG

© Podzun-Pallas-Verlag GmbH, Wölfersheim-Berstadt
Genehmigte Lizenzausgabe für Karl Müller Verlag, Erlangen

Alle Rechte vorbehalten.
Kein Teil des Werkes darf in irgendeiner Form (durch Fotokopie, Mikrofilm oder ein ähnliches Verfahren) ohne die schriftliche Genehmigung des Verlages reproduziert oder unter Verwendung elektronischer Systeme verarbeitet, vervielfältigt oder verbreitet werden.

Umschlaggestaltung: Andreas Dorn

Übertragung ins Englische: Sigrun und Ulrich Elfrath, Koblenz

Bilder stellten zur Verfügung: K. Ries, Finthen; Weltkriegsbücherei Stuttgart; Bundesarchiv Koblenz; H. Mauritz, Braunschweig; F. O. Finzel, Gelldorf; Ullstein-Bilderdienst, Berlin; A. Galland, Bonn; M. Vögeler, Essen; Imperial War Museum, London; Archiv Podzun, Dorheim

ISBN 3-86070-857-0

2 3 4 5   3 2 1 00

Inhaltsverzeichnis

Erster Weltkrieg	9
Aufbau und Schulung der Luftwaffe	11
Die »Legion Condor« – Erster Einsatz in Spanien	15
Der Feldzug in Polen 1939	18
Die Luftkämpfe über der Deutschen Bucht 1939/40	29
Unternehmen »Weserübung« – Der Angriff auf Dänemark und Norwegen	33
Der Feldzug in Frankreich 1940	43
Die Luftschlacht um England – »Adlertag« 1940	62
Der Krieg auf dem Balkan und der Kampf um Kreta	91
Der Krieg in Nordafrika, der Kampf um Malta und im Mittelmeer	113
Der Feldzug in Rußland – »Unternehmen Barbarossa«	141
Angriffe auf die britische Flotte, auf Geleitzüge und Schiffe im Kanal	189
Der Kampf in Italien	206
Die Invasion	216
Der Luftkrieg über Deutschland und das Ende im Reich	228
Anlagen	255

Ein Wort zuvor

Der Verlauf des Ersten Weltkrieges, und hier besonders die Endphasen der Kämpfe in den Jahren 1917/18 hatten die beteiligten Nationen klar erkennen lassen, daß Luftstreitkräfte in der Lage waren, Entscheidungen auf dem Schlachtfeld wesentlich zu beeinflussen. Folgerichtig ging in den Nachkriegsjahren das Bestreben aller Militärstaaten dahin, eine starke, schlagkräftige Luftmacht neben Heeres- und Marineverbänden zu unterhalten.

Deutschland war, durch die im Versailler Friedensdiktat enthaltenen Bedingungen, Bau und Besitz von Militärflugzeugen verboten, was jedoch das Reichswehr-Ministerium nicht davon abhalten konnte, eine neue »Luftwaffe« getarnt vorzubereiten, die von Göring bis zum Kriegsbeginn 1939 zur stärksten Luftmacht der Welt und zu einem selbständigen Wehrmachtsteil ausgebaut wurde.

Wer in der Lage ist, objektiv und ohne Ressentiments die Ereignisse von damals, die heute schon längst Geschichte sind, zu überschauen, wird nicht ohne Bewunderung die glänzenden fliegerischen Leistungen, die Einsatzbereitschaft und den Mut der jungen deutschen Flieger erkennen. Sie flogen und kämpften mit der gleichen Tapferkeit und Opferbereitschaft, wie ihre britischen, russischen, amerikanischen, französischen und polnischen Gegner, von deren personeller und materieller Überlegenheit sie schließlich geschlagen in der Hybris des hitlerschen Krieges untergingen.

Diese Bilddokumentation möge dazu beitragen, Vor- und Fehlurteile, wie sie bis zum heutigen Tage noch immer bestehen, auszuräumen und dem Betrachter ein objektiveres Bild der damaligen Ereignisse zu vermitteln.

Dieses Buch entstand auch im Gedenken an die vielen gefallenen Angehörigen der deutschen Luftwaffe, die unsere Kameraden waren.

A. Galland   K. Ries   R. Ahnert

Erster Weltkrieg

Bei Beginn der militärischen Auseinandersetzungen im August 1914 verfügt die junge deutsche Fliegertruppe über einen nur sehr geringen Bestand von fronttauglichen Flugzeugen und Militärpiloten verglichen mit dem des westlichen Kriegsgegners, Frankreich.

Innerhalb kurzer Zeit gelingt es jedoch der deutschen Flugzeugindustrie leistungsfähige und den französischen Flugmaschinen ebenbürtige Typen zu entwickeln, sowie durch verstärkten Schulbetrieb die Zahl der Flugzeugführer und Beobachter rasch zu vermehren.

In den Jahren des I. Weltkrieges haben sich die Deutschen Luftstreitkräfte gegen eine zahlenmäßig weit überlegene Gegner an allen Fronten zu schlagen. Namen bekannter Flieger, wie Boelcke, Immelmann, von Richthofen, Udet, Keller, Christiansen, Berthold und Voss stehen für die Leistungen vieler ihrer Kameraden während der erbitterten Luftkämpfe, Aufklärungs- und Bombenflüge.

Die steile Aufwärtsentwicklung deutschen Flugzeugbaues nimmt mit dem Waffenstillstand 1918 ein abruptes Ende. Sämtliche flugfähigen Maschinen sind an die Siegermächte abzuliefern, Unmengen von Flugzeugen und Flugmotoren werden zerschlagen und unbrauchbar gemacht. Der Versailler Vertrag schränkt schließlich den Bau von Luftfahrtgerät so sehr ein, daß die Schaffung einer neuen Luftwehr in Deutschland auf lange Sicht unmöglich gemacht wird.

World War I

In August 1914 during the initial stage of World War I, the German Luftwaffe was of no major importance compared to the French Air Force. Within a short period, however, the Germans succeeded in establishing effective aircraft production and in training many pilots and observers.

During the years of the Great War, the Luftwaffe had to sustain attacks from a superior enemy on all fronts. Nevertheless, pilots like Boelcke, Immelmann, von Richthofen (Red Baron), Udet, Keller, Christiansen, Berthold and Voss made the Luftwaffe seem invincible.

In 1918 the German Luftwaffe was more powerful than at the beginning of the war, but the armistice of 1918 stopped the rapid development of aviation in Germany. All aircraft had to be destroyed, including the interchangeable engines. Finally, the Peace Treaty of Versailles reduced the design and production of airplanes to a minimum in Germany.

△ Frhr. Manfred von Richthofen ist als erfolgreichster Jagdflieger (80 Abschüsse) im I. Weltkrieg das große Vorbild kommender Jägergenerationen.

Frhr. Manfred von Richthofen (Red Baron) was the most successful flying ace (80 victories).

△ Mit einem Flugzeug diesen Types, Fokker Dr.I fällt von Richthofen am 21 April 1918 an der Somme.

In a Fokker Dr.I fighter plane, Richthofen was shot down in the Somme area on 21 April 1918.

◁ Als Vater der Jagdfliegerei schlechthin muß Oswald Boelcke genannt werden. Mit 40 Abschüssen erleidet er am 28. 10. 1916 den Fliegertod.

Oswald Boelcke developed aerial warfare and was victorious in 40 dogfights before being shot down on 28 Oct. 1916.

◁ Ein anderer bekannter Jagdflieger der ersten Kriegsjahre ist Max Immelmann, der »Adler von Lille«, der den Weg zu einer allgemeingültigen Jagdfliegertaktik weist. Am 18. 6. 1916 stürzt er bei einem Luftkampf tödlich ab.
Max Immelmann, known as the "Eagle of Lille," was shot down after a dogfight on 18 June 1916.

Hermann Göring, der letzte Kommandeur des Jagdgeschwaders »Richthofen«, späterer Begründer der Luftwaffe im 3. Reich. ▷
Hermann Göring, who later founded the new Luftwaffe, was the last commander of the Richthofen Fighter Squadron.

Die Albatros D V ist im Jahre 1917 das bei den deutschen Verbänden am meisten geflogene Jagdflugzeug. Auch v. Richthofen fliegt zeitweise diese Maschine.
Until 1917, the most widely used fighter plane of the German Luftwaffe was the Albatros DV.
▽

Aufbau und Schulung der Luftwaffe

Mit der Verkündung der neu erstandenen Luftwaffe am 1. März 1935 werden gleichzeitig offiziell die Einrichtungen geschaffen, die bislang unter strengster Geheimhaltung und Tarnung die Ausbildung fliegerischen und fliegertechnischen Personals wahrnahmen.
Neben den A/B-Flugzeugführerschulen zur Grundausbildung entstehen Blindflugschulen, Bordfunkerschulen, Fliegerwaffenschulen, Fliegertechnische Schulen, Seefliegerschulen usw., die alle dem Zweck dienen, den »neuen« Luftwaffensoldaten eine solide Ausbildung zu vermitteln, und in möglichst kurzer Zeit eine schlagkräftige Luftwaffe formen zu können.
Das Lehrpersonal solcher Schulen setzt sich dabei in erster Linie aus ehemaligen Reichswehrfliegern zusammen, die seit dem Jahr 1925 in getarnten Ausbildungszentren auf diese Aufgabe vorbereitet wurden.
Bis zum Kriegsbeginn im September 1939 gelingt es der Luftwaffe durch Planspiele, Luftmanöver und Wettbewerbsflüge den Vorsprung, den andere Nationen infolge stetiger, ununterbrochener Weiterentwicklung auf dem Sektor Luftrüstung Deutschland voraus haben, nahezu einzuholen. Die ersten kriegsmäßigen Einsätze erbringen den Beweis, daß die vollkommen neue Konzipierung der Lufttaktik in Zusammenarbeit mit der Erdtruppe sogar Kriegsentscheidungen herbeizuführen in der Lage ist.

△
Die graue Theorie ist, wie in anderen Fachgebieten, so auch bei der Fliegerei Grundlage für die Praxis. Unterricht der Flugschüler am Dreieckrechner »Plath«.
Training of German pilots.

◁ Wer fliegen will, muß auch Landekreuze auslegen können, wenn diese Art von Dienstbetrieb den künftigen »Himmelsstürmern« manchmal auch nicht so recht schmecken will.
Spreading out the landing "T".

Die alte Fw 58C »Weihe« dient zur Bordfunker- und Bordschützenausbildung, und wird im Fliegerjargon etwas abwertend als »Leukoplast-Bomber« bezeichnet.
The Fw 58C training plane.
▽

Advanced Flying Schools

On 1 March 1935, the establishment of the new German Luftwaffe is announced. Secret organizations that had been previously designated for the training of the German flying personnel are now officially acknowledged.
The following flying schools are responsible for the instruction of the new German air force personnel to make them capable of striking any potential enemy effectively: A/B pilots' schools (for basic training), blind-flying schools, radio operators' schools, air armement schools, air technicians' schools, naval fliers' schools and others.
The instructors of these schools are mostly former German Air Force pilots who have been secretly trained since 1925 for this task.
The German Luftwaffe nearly succeeds in catching up with the lead of foreign air armament by practicing air maneuvers and air races until 1939. The first war actions prove that the new tactics of the Luftwaffe, in cooperation with the infantry, are a decisive and effective weapon.

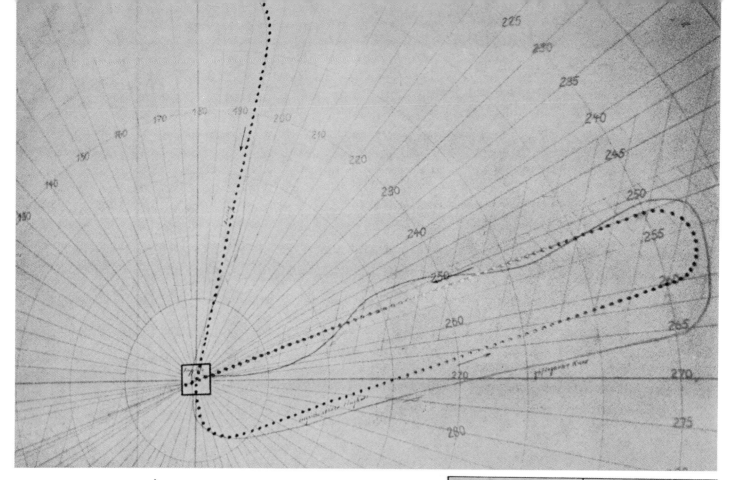

△ Im Link-Trainer wird der angehende Pilot am Boden im Blindflug geschult. Ein Kursschreiber zeichnet neben dem vorgelochten Sollkurs den tatsächlichen Flugweg auf.
The Link trainer is used in the blind-flying schools.

Übersicht der gebräuchlichsten Flugformationen ▷ eines Verbandes, hier einer Staffel.
Display of flight formations.

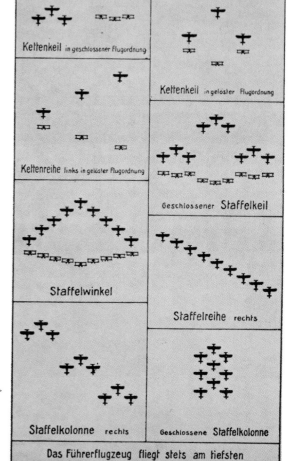

△
Auf der Jagdfliegerschule demonstriert der Lehrer am Modell den Jägerangriff auf eine Kette gegnerischer Flugzeuge.

The instructor demonstrates an attack of a fighter plane against a wing of enemy aircraft.

△
Das Schießen auf Erdscheiben erfordert bereits die vollkommene Beherrschung des Flugzeuges. He 51B-Jagdflugzeug sticht eine Erdscheibe an.

An He 51 fighter plane dives toward the target.

Beim Herbstmanöver 1938 greift eine Do 17E des KG 255 ein imaginäres Ziel im Tiefstflug an. Schul- und Übungsflüge stehen auch bei den Verbänden ständig auf dem Programm.

The Luftwaffe participates in maneuvers in the fall of 1938. A Do 17 of KG 255 attacks a blind target. ▷

△ Die Fallschirmjäger als neuer Truppenteil der LW erhalten ihre Spezialausbildung auf den Schulen in Stendal und Wittstock. Hier werden nach dem Absprung Abwurfbehälter entladen.

Supply containers are unloaded by paratroop units.

◁ Schulung der Flak- und Scheinwerferbatterien erfolgen in engster Zusammenarbeit mit den fliegenden Verbänden, die für Tag- und Nachtübungen Flugzeuge zur Zieldarstellung abstellen.

Antiaircraft gun and searchlight batteries cooperate closely with the flying units.

In modernen, für Serienfertigung eingerichteten Großbetrieben unternimmt die Luftfahrtindustrie alle Anstrengungen der neuen Luftwaffe zuverlässige Flugzeuge zu schaffen. Schwimmerfertigung bei Heinkel in Rostock. ▷

Seaplanes on the production line of the Heinkel plant.

Legion Condor

Nach Übernahme der spanischen Regierungsgeschäfte durch die Volksfront im Februar 1936, entwickeln sich auf der iberischen Halbinsel zwischen der kommunistisch-sozialistischen Volksfront und der nationalen Bewegung unter General Franco erbitterte Machtkämpfe. Dem Ruf Francos nach Unterstützung von außen her folgen Deutschland und Italien durch Gestellung von Kriegsmaterialien und Truppenkontingenten.
Im August gehen die ersten deutschen Piloten in Spanien an Land um mit Ju 52-Transportflugzeugen nationalspanische Truppen von Spanisch-Marokko auf das Festland zu überfliegen. Diesem »Vorkommando« folgt im November 1936 das Gros der »Legion Condor« unter ihrem ersten Kommandeur Generalmaj. Sperrle.
Die fliegenden Verbände der »Legion« setzen sich aus der K 88 (Kampfgruppe), der A 88 (Aufklärungsgruppe), der J 88 (Jagdgruppe) und der AS 88 (Seeaufklärungs- und Bomberstaffel) zusammen. In den hin- und herwogenden Kämpfen wird die »Legion Condor« in der Zeit ihres Einsatzes (Nov. 1936 bis April 1939) zu General Franco's »Feuerwehr«, die an allen Brennpunkten in das Kampfgeschehen eingreift.
Die Luftwaffenführung ist in diesen Jahren bemüht durch rasch aufeinanderfolgende Ablösung des eingesetzten Personals möglichst viele Besatzungen nach Spanien zu bringen, und dort Kampferfahrung sammeln zu lassen. Die während dieser Operation gewonnenen taktischen und organisatorischen Erkenntnisse werden von einem Sonderstab des RLM ausgewertet und dienen als operative Grundlagen für die Anfangsphase des II. Weltkrieges.

Due to controversies between the Communists and the Nationalists, civil war breaks out in Spain in February 1936. Franco, the leader of the Nationalists, asks for foreign military help. The Germans and the Italians send military equipment and troops. German Ju 52 transport planes and their crews fly Spanish troops from Spanish Marocco to the mainland. Later, in November 1936, these transport units are followed by the Legion Condor commanded by Maj. Gen. Sperrle. The flying units of the Legion consist of K 88 (bomber group), A 88 (reconnaissance group), J 88 (fighter group) and A S 88 (patrol plane and bomber squadron). During the period of changing success (Nov. 1936 to April 1939), the Legion Condor fights on all fronts and becomes the most effective weapon of General Franco.
German military personnel are often replaced by inexperienced soldiers, thereby using the civil war in Spain as the proving ground for the German Luftwaffe. The experience gained in this war is analyzed by the German Ministry of Aerial Warfare and serves as the tactical basis for the initial stages of World War II.

△
General Franco und Generalmaj. Sperrle (rechts) verfolgen die Kämpfe vor Madrid im Frühjahr 1937.

General Franco and Maj. Gen. Sperrle on the front near Madrid in the spring of 1937.

◁ Anfänglich als Versuchsbombergruppe, später als Kampfgruppe K 88 werden mit der He 111B Angriffe gegen Flugplätze, Verkehrsknotenpunkte und ausgebaute Stellungen der »Roten« geflogen.

The He 111 bombers of K 88 fly sorties against airfields, road junctions and fortified positions of the »Reds.«

Für die Fern- und Nahaufklärung steht der »Legion Condor« die Aufklärungsgruppe A 88 zur Verfügung. Ein Fernaufklärer Do 17F beim Start in Leon, November 1937.

A Do 17 long-distance reconnaissance plane takes off from Leon Airfield in November 1937.

Die Bf 109B wird ab April 1937 an die Jagdgruppe J 88 geliefert, nachdem sich die veraltete He 51 den republikanischen Jagdflugzeugen als unterlegen erwiesen hatte.

Beginning in April 1937, the inferior He 51's of J 88 are replaced by Me 109's.

△
Eine Schlachtstaffel mit Hs 123-Anderthalbdeckern erfliegt sich in Spanien die Taktik des Schlacht-Tiefangriffes zur Unterstützung der Erdtruppe, die in genau der gleichen Form später im Polen- und Frankreichfeldzug praktiziert werden sollte.
The Hs 123 Sesquiplane flies ground-strafing attacks.

Der Feldzug in Polen

Eingesetzt wurden 648 Kampfflugzeuge
30 Schlachtflugzeuge
219 Stukas
210 Jäger und Zerstörer
747 Aufklärer, Transporter usw.

Gliederung:
dem Oberbefehlshaber der Luftwaffe direkt unterstellt:
8. und 10. Aufkl. Staffel/LG2, Luftnachrichtenabteilung 100, 7. Fliegerdivision (Student), mit neun Transportgruppen.

Luftflotte 1 »Ost« (Kesselring)
1. und 3. Aufkl. Staffel/121
1. Fliegerdivision (Grauert)
2. Aufkl. Staffel/121, Kampfgeschwader 1, Kampfgeschw. 26, Kampfgeschw. 27, II. und III. Gruppe/Stukageschwader 2, IV. (Stuka) Gruppe/Lehrgeschwader 1, 4. (Stuka) Staffel/186, I. (Jagd) Gruppe/Lehrgeschwader 2, I. und III. Gruppe/Zerstörergeschwader 1, Küstenfliegergruppe 506.

Luftwaffenkommando Ostpreußen
1. Aufkl. Staffel/120, Kampfgeschwader 3, I. Gruppe/Stukageschwader 1, I. Gruppe/Jagdgeschwader 1, I. Gruppe/Jagdgeschwader 21

Luftwaffen-Lehrdivision (Foerster)
4. Aufkl. Staffel/121, Lehrgeschwader 1, Lehrgeschwader 2.

Luftflotte 4 »Südost« (Löhr), Reichenbach (Schlesien)
3. Aufkl. Staffel/123
2. Fliegerdivision (Loerzer)
2. Aufkl. Staffel/122, Kampfgeschwader 4, Kampfgeschwader 76, Kampfgeschwader 77, I. Gruppe/Zerstörergeschwader 76.

Fliegerführer z. b. V. (Richthofen)
1. Aufkl. Staffel/124, Stukageschwader 77, (Stuka) Lehrgeschwader 2, II. (Schlacht) Gruppe/Lehrgeschwader 2, I. Gruppe/Zerstörergeschwader 2

25. 8.
Funkspruch des Oberbefehlshabers der deutschen Luftwaffe Hermann Göring an die Luftflotten 1 und 4:
»Ostmarkflug 26. 8., 4.30 Uhr.«
Das ist das Stichwort für den Angriff der Luftwaffe auf Polen. Wenige Stunden später sagt Hitler den Angriff ab. Die Hoffnung, daß der Krieg doch noch zu vermeiden ist, währt nur 6 Tage.

31. 8.
Die »Weisung Nr. 1 für die Kriegsführung« trifft um 12.40 Uhr ein. Der Angriff der Luftwaffe ist für den nächsten Tag festgesetzt. Angriffszeit 4.45 Uhr.

1. 9.
Fünfzehn Minuten vor der Angriffszeit greifen 3 Stukas (Olt. B. Dilley) die Dirschauer Brücke an. Der erste große Einsatz der Luftwaffe, der geplante Angriffsschlag, wird durch Nebel verhindert. Bei Luftflotte 1 (Kesselring) starten bis Mittag nur 6 Kampfgruppen. Bei Luftflotte 4 (Löhr) im Süden, herrscht etwas besseres Flugwetter. Dennoch können nur 1 Gruppe eines Schlachtgeschwaders und 2 Stuka-Gruppen eingesetzt werden. Der erste Angriff auf den Flugplatz und die Rundfunkstation von Warschau wird geflogen. Mit sich besserndem Flugwetter verstärkter Angriff gegen polnische Flughäfen, Flugzeugwerke und Eisenbahnknotenpunkte. 60 He 111 (I. und III. Gruppe KG 4, Oberst Lt. Evers) bombardieren den Flughafen von Krakau. II./KG 4 (Oberst Lt. Erdmann) bombt den Flughafen von Lemberg. Eine Gruppe des Stuka-Geschwaders 77 greift eine Bunkerlinie vor Wielun an. Stuka Angriffe auf polnische Kavallerie. Gegen Mittag Angriffe auf Thorn, Lida und Plozk. Erster Luftkampf des Krieges über Warschau. Am ersten Kriegstag wurden 30 Gruppeneinsätze geflogen.

2. – 6. 9.
Fortsetzung der schweren Luftangriffe auf Ziele im Hinterland. Polnische Bomber greifen die deutschen Panzerspitzen an. 40 Stukas (I. St G 2 und I. St G 76 bombardieren den Bahnhof Piotrkow. Verstärkte Angriffe der Sturzkampfgruppen gegen polnische Verbände. Die polnische 7. Division streckt nach schweren Bombardements durch Stukas und Schlachtflieger die Waffen. Die Schwierigkeit des Erkennens der eigenen Angriffsspitzen erhöht sich. Infanterie und Panzer stoßen so rasch voran, daß die Ziele oft im letzten Augenblick gewechselt werden müssen. Stukas, Bomber und Zerstörer treffen die Verbindungslinien im Rücken der polnischen Streitkräfte immer verheerender.

7. – 19. 9.
Erster Einsatz der Flak im Erdkampf bei Ilza. Bewährung besonders der 8,8 cm Flak. Die Luftwaffe greift in die Kesselschlacht bei Radom mit 150 Stukas, Jägern und Zerstörern ein. Am Morgen des 9. 9. erster Großangriff auf Warschau. Gefährlicher Vorstoß der überflügelten polnischen »Armee Posen« nach Süden. Luftwaffe greift mit Schlachtfliegern, Stukas und Zerstörern in rollendem Einsatz die vordringenden polnischen Truppen an. Tiefangriffe am 16. und 17. 9. Beiderseits der Bzura liegen alle Anmarschstraßen und Truppenansammlungen unter Feuer. Am 19. 9. bricht der polnische Widerstand zusammen. Die Luftwaffe hat entscheidenden Anteil am Ausgang der Schlacht. Die polnische Armee geht in Gefangenschaft.

20. – 27. 9.
Fortsetzung der Angriffe an allen Teilen der Front. Flugblatt-

aktion über Warschau mit der Aufforderung, die Stadt kampflos zu übergeben. Aufklärungsflüge zeigen, daß in Warschau Stellungen ausgehoben und Barrikaden errichtet werden. Am 25. 9. greift die Luftwaffe mit 420 Flugzeugen Warschau an. In drei Anflügen werden ca. 650 t Brand- und Sprengbomben abgeworfen. Warschau ist schwer getroffen. Am 27. 9. unterzeichnen die von den Luftangriffen demoralisierten Polen die Übergabe ihrer Hauptstadt. Letzte Kampfhandlungen während des Polen-Feldzuges sind schwere Stuka-Angriffe auf die Festung Modlin. Die Besatzung stellt am gleichen Tag den Widerstand ein.

Während des Polen-Feldzuges verlor die Luftwaffe 734 Soldaten und 285 Flugzeuge. Davon allein

67 Jäger
78 Kampfflugzeuge
31 Stukas

Weitere 279 Maschinen wurden mehr als 10 % beschädigt.

The Campaign in Poland

25 Aug. 1939

A radio message from the High Commander of the German Luftwaffe, Hermann Göring, reaches Airfleets 1 and 4:
"Ostmarkflug (flight) 26 Aug., 430 hours"
This is the code word for the Luftwaffe raid on Poland.
A few hours later Hitler cancels the assault. For six days there is hope that the war may be prevented.

31 Aug. 1939

The "Order No. 1 for the High Command" arrives at 1240 hours. The assault of the Luftwaffe is fixed for the following day. Time of attack: 445 hours.

1 Sept. 1939

Fifteen minutes before the time of attack three Stukas (Lt. Col. B. Dilley) fly a raid on Dirschau bridge. Fog prevents the first major action of the Luftwaffe. Only six fighter groups of Airfleet 1 (Kesselring) have started by noon. In the south, Airfleet 4 (Löhr) has better flying weather; however, only one group of a battle squadron and two Stuka groups can be put into action. Then the first raid on the airport and the radio station of Warsaw is flown and, as the weather clears, intensive attacks on Polish airports, airplane factories and railway junctions follow. Sixty He 111 (I and III groups, KG 4, Lt.Col. Evers) bomb the airport of Krakau, II/KG 4 (Lt.Col. Erdmann) bombs the airport of Lemberg. A group from Stuka squadron 77 attacks a line of pill-boxes at Wielun. Other Stukas attack Polish cavalry. Around noon Thorn, Lida and Plozk are raided. The first dogfight of the war takes place over Warsaw. Thirty group missions were flown on this first day of the war.

2 – 6 Sept. 1939

Heavy air raids on objectives in rear Polish areas continue. Polish bombers attack advancing German tanks. Forty Stukas (I St G 2 and I St G 76) bomb the railway station of Piotrkow. Intensive attacks of Stuka groups on Polish ground forces take place. The 7th Polish Division surrenders after heavy bombing by Stukas and ground-strafing aircraft. As infantry and tanks advance rapidly it becomes more and more difficult to recognize their own advancing troops and targets are changed often within the last minutes. Communication lines behind the Polish forces are devastated by Stukas, bombers and destroyer planes.

7–19 Sept. 1939

In a battle near Ilza anti-aircraft guns are put into action for the first time and, especially, the 88 mm anti-aircraft gun proves very effective. The Luftwaffe enters the battle of encirclement near Radom with 150 Stukas, fighter planes and destroyer planes. The first major assault on Warsaw takes place in the early hours of 9 September.

The outflanked Polish "Army Posen" makes a dangerous advance to the south. The Luftwaffe flies continuous raids with ground-strafing planes, Stukas and destroyer planes on advancing Polish troops. 16 and 17 Sept. – ground strafing missions are flown. On both sides of Bzura all approach routes and concentrations of troops. 16 and 17 Sept. – ground strafing missions are flown. On broken on 19 Sept. The Luftwaffe takes a decisive part in the battle. The Polish Army goes into captivity.

20–27 Sept. 1939

Mission follows mission at all sections of the front including a leaflet drop over Warsaw demanding capitulation of the city without resistance. Reconnaissance flights show the digging of fortified positions and the building of barricades. 25 Sept. – Luftwaffe attacks Warsaw with 420 aircraft. During three flights approximately 650 tons of incendiary and high explosive bombs are dropped. The city is heavily damaged. 27 Sept. – the Polish people being completely demoralized sign the surrender of their capital. Last fighting actions during the campaign in Poland are heavy attacks on the fortress of Modlin whose garrison surrenders the same day. During the Polish campaign the Luftwaffe lost 734 of their military personnel and 285 aircraft including:

67 fighter planes
78 combat airplanes
31 Stukas (dive bombers)

Another 279 aircraft received more than 10 percent damage.

Vor dem Beginn der Feindseligkeiten gegen Polen in Brandenburg-Briest: Die I. Gruppe des JG 20 in Bereitstellung. Munitionieren einer Bf 109E-1 der 2. Staffel/JG 20.
Loading ammunition in an Me 109.

◁ Flugzeugerkennungsdienst am Sandkastenmodell einer polnischen PWS 19. Diese Art von Beschäftigung sollte sich während des Polenfeldzuges als vertane Zeit herausstellen, da man gegnerische Flugzeuge kaum zu Gesicht bekommen wird.
Identification training.
Model: PWS 19

Feldflugplatz der IV./JG 132 an einer Vormarschstraße kurz vor der polnischen Landesgrenze.
Forward airfield for the IV/JG 132 near the Polish border.
▽

Anflug einer Rotte He 111 auf die Westerplatte, nahe Danzig am 1. Sep. 1939...

...und die Bombeneinschläge nach erfolgtem Abwurf.

A group of He 111's on a sortie toward the Westerplatte near Danzig on 1 September 1939...

...and the result of their raid.

Ein brennendes Gehöft an einer polnischen Rückzugstraße. Während dieses ▷
Feldzuges wird von den zurückweichenden Truppen erstmals die Taktik der
»verbrannten Erde« angewandt.
A burning farmhouse on a Polish street during the retreat.

◁ Konzentrierte Angriffe von Kampfgruppen der Luftwaffe treffen vor allem die polnischen Bahnhöfe und Verladeanlagen.

Main targets of the Luftwaffe are railway stations and supply installations.

Reihenwurf einer He 111-Staffel auf ▷
Truppenansammlungen im Waldgebiet
nahe Radom.
High level attack by a wing of He 111's
on troop concentrations near Radom.

◁ Der »Stuka« Junkers Ju 87 ist während dieses Blitzfeldzuges wegen seiner Treffsicherheit und des infernalischen Geheules der eingebauten Sirenen während des Sturzes, der Schrecken der zurückflutenden polnischen Armeen.

The Stuka Ju 87 with sirens proves to be a terrible weapon against the Polish armies.

Die Luftaufnahme eines Fernaufklärers zeigt die Wirkung der Bombenangriffe vom 1. Sept. 1939 auf den Flugplatz Krakau. ▷

Airphoto of the airport of Krakau after the raid on 1 September 1939.

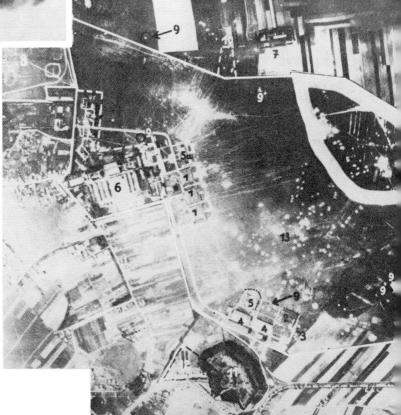

Den vorgehenden deutschen Truppen ▷ zeigt sich auf allen polnischen Flugplätzen das gleiche Bild: veraltete Flugzeugmuster, wie hier Lizenz-Fokker F VIIB-3m und Lublin R XIII ...
Advancing German infantry troops view obsolete Polish aircraft like the license-built Fokker F VIIB-3m and the Lublin R XIII ...

... sowie durch vorangegangene Bombenangriffe zerstörte Hangars und Flugzeuge.
... as well as destroyed hangars and planes.
▽

◁ Nach jedem Einsatz heißt es für das Bodenpersonal erneut: Betanken, Triebwerkskontrolle, munitionieren. Zum Verschnaufen bleibt in diesen Tagen wenig Zeit.
After each mission – maintenance work.

Die Trümmer polnischer Schulflugzeuge werden auf den von nachrückenden Luftwaffen-Einheiten belegten Plätzen in aller Eile an den Platzrand geräumt, um Start- und Landebahn für die kommenden Einsatzflüge frei zu bekommen.
The landing strip has to be cleared for incoming flights. ▽

Bei der versuchten Notlandung dieses angeschossenen PZL 11-Jägers, setzt der ▷
polnische Pilot seine Maschine in ein Waldstück, bleibt selbst aber unverletzt.
An emergency landing in a forest by a Polish PZL 11-fighter.

◁ Beginn der schweren Bombenangriffe am 25. 9. auf das zur offenen Stadt erklärte Warschau. Im Vordergrund der linke Motor einer Ju 52, die bei der Bombardierung Brandbomben abwirft.

The beginning of heavy air raids on the beleaguered city of Warsaw on 25 September 1939.

Aus einer He 111 wird im Tief- ▷
flug diese Aufnahme eines mit
Bomben belegten Warschauer
Stadtteiles geschossen.

This photo, taken from a low
flying He 111, shows destroyed
sections of Warsaw.

△ Besichtigung der Aufkl.Gr.122 nach deren Einsatz während des Polenfeldzuges. Der Verband ist mit dem Fernaufklärer Do 17P ausgerüstet.
Inspection of Do 17 P's of Reconnaissance Group 122 during the Polish campaign.

General der Flieger Löhr als OB der ▷
Luftflotte 4.

Kommandeur der I./ZG 76, Hptm. ▷
Reinecke in seiner Bf 110C.
The commander of I/ZG 76, Capt. Reinecke, in his Me 110C.

Oblt. Wolfgang Falck, Staffelkapitän der 2./ZG 76.
1st.Lt. Wolfgang Falck, wing leader of 2/ZG 76.
▽

△
Das Staffelzeichen der 1./ZG 2 (Bernburg), einer besonders erfolgreichen Zerstörerstaffel. Kommand. der gesamten I. Gruppe war Hptm. Hennes Genzen.
The insignia of 1/ZG 2 (Bernburg), a very successful destroyer group.

Luftkämpfe über der deutschen Bucht 1939

In den ersten Wochen des Krieges verfügen die Luftflotten 2 und 3 im Westen über 28 Jagdstaffeln mit 336 Flugzeugen, 5 Zerstörergruppen mit 180 Flugzeugen und 9 Kampfgruppen mit 280 mittleren Bombern.

4. 9. 1939

Britische Bomber vom Typ Bristol Blenheim greifen Schillig-Rede (Wilhelmshaven) und das Panzerschiff »Admiral Scheer« an. Vickers Wellington-Bomber versuchen, die vor Brunsbüttel liegenden Schlachtschiffe »Gneisenau« und »Scharnhorst« zu bombardieren. Die Angriffe werden abgewiesen und 7 Bomber abgeschossen.

Die »Admiral Scheer« erhält Treffer durch Blindgänger. Nach starker Flakabwehr stürzt eine Blenheim auf das Vorschiff des Kreuzers »Emden«.

14. 12. 1939

Angriff von 12 Wellington-Bombern auf die Kreuzer »Nürnberg« und »Leipzig«, die auf der Außenjade ankern. Heftige Abwehr durch die Schiffsflak und die trotz schlechten Flugwetters aufgestiegene Jagdgruppe II./JG 77. 5 Wellingtons werden abgeschossen, ein sechster Bomber geht auf dem Rückflug nach England verloren.

18. 12. 1939

13.50 Uhr orten je ein »Freya«-Funkmeßgerät der Marine und der Luftwaffe anfliegende britische Bomber. Es werden über Helgoland 44 englische Maschinen gezählt. Die Bomber dringen gegen den Jadebusen vor, überfliegen Schillig-Rege und Wilhelmshaven in 4 000 m Höhe, ohne Bomben zu werfen. Die deutschen Jagd- und Zerstörerstaffeln starten verspätet. Bis auf 6 Me 109 der Nachtjagdstaffel 10./JG 26 greifen die deutschen Maschinen die englischen Bomber erst auf dem Rückflug an. Verfolgung bis weit über offene See hinaus.

Bei dieser ersten großen Luftschlacht über der deutschen Bucht werden 27 britische Bomber abgeschossen. Auf deutscher Seite waren beteiligt:

Jagdgruppe II./JG 77 (Major v. Bülow),
Jagdgruppe III./JG 77 (Hauptm. Seliger),
Zerstörergruppe I./ZG 76 (Hptm. Reinecke),
Jagdgruppe 101 (Major Reichardt),
Nachtjagdstaffel 10./JG 26 (Oblt. Steinhoff).

Air Battles over the North Sea – 1939

During the first weeks of the war in the West Airfleets 2 and 3 have more than 28 fighter wings with 336 aircraft, five destroyer groups with 180 aircraft and nine fighter groups with 280 medium size bombers.

4 Sept. 1939

British Bristol Blenheim bombers attack Schillig anchorage at Wilhelmshaven and the pocket battleship, Admiral Scheer. Vicker's Wellington bombers try to bomb the battleships, Gneisenau and Scharnhorst at Brunsbüttel. The attack is repelled and seven bombers are shot down.

The Admiral Scheer is hit by duds. One Blenheim crashes on the forecastle of the cruiser "Emden" after heavy antiaircraft fire.

14 Dec. 1939

Twelve Wellington bombers attack cruisers "Nürnberg" and "Leipzig" anchored in the outer Jade anchorage. They are repelled by heavy antiaircraft fire from both cruisers and counter attacks by Fighter Group II/JG 77. Five Wellingtons are shot down. Another bomber is lost during the flight back to England

18 Dec. 1939

At 1350 hours approaching British bombers are located by two "Freya" radar sets of the Navy (Marine) and the Luftwaffe. Forty-four British aircraft are counted over Helgoland. The bombers advance towards Jade Bay and fly over the Schillig anchorage and Wilhelmshaven at an altitude of 13.000 feet without dropping any bombs. The German fighter and destroyer squadrons are delayed. The German aircraft attack the British bombers on their return flight except for six Me 109's of Night-fighter Squadron 10/JG 26 that engage the bombers earlier. The pursuit goes far over the open sea.

In this first major air battle over the North Sea twenty-seven British bombers are shot down. The following German groups participated in this action:

Fighter Group II/JG 77 (Major v. Bülow),
Fighter Group III/JG 77 (Capt. Seliger),
Destroyer Group I/ZG 76 (Capt. Reinecke),
Fighter Group 101 (Major Reichardt),
Night-fighter Squadron 10/JG 26 (1st Lt. Steinhoff)

Zum Schutz der deutschen Nordseehäfen ist u. a. die I./ZG 76 auf dem Fliegerhorst Jever stationiert. Für die vier Rumpf-MG 17 einer Bf 110C wird gegurtete Munition eingeführt.

Ammunition is loaded for the four nose-mounted MG 17 of a Me 110 on the Jever Airfield near the North Sea.

Die II./JG 77 mit der einmotorigen Bf 109E hat im Spätjahr 1939 ihren Liegeplatz auf der Insel Wangerooge; getarnte Flugzeuge dieser Gruppe.

Camouflaged Me 109's of II/JG 77 on the island of Wangerooge in the year 1939.

In ständiger Bereitschaft liegt während dieser Krisenmonate auch die I./JG 20 auf ihrem Stammhafen in Brandenburg-Briest. Abgestellte Bf 109E der 1. Staffel am Waldrand des Platzes.

Me 109 of I/JG 20 in Brandenburg-Briest are in constant readiness.

Nur für kurze Zeit existiert eine I. Gruppe/JG 71, die jedoch nicht zum Einsatz gelangt. Ein ▷
Pilot dieses Verbandes legt zu einer Alarmstartübung den Sitzfallschirm an.
A pilot puts on his parachute for a training flight.

◁ Oberstleutnant Curt Schumacher kommandiert die bei der am 18. 12. 1939 über der Deutschen Bucht eingesetzten Jagd- und Zerstörereinheiten.

Lt.Col. Curt Schumacher commands the fighter and destroyer planes during the Air Battle over the North Sea on 18 December 1939.

Ein dichtes Netz von Horch- und Ortungsstellungen wird entlang der deutschen Nordseeküste aufgebaut. Ein E-Meßgerät und vier Trichter-Richtungshörer alter Bauart peilen näherkommende Flugzeuggeräusche an.

Range finders and sound locaters for the detection of approaching enemy airplanes are installed along the German coastline of the North Sea.

▽

△
Vickers Wellington im Anflug auf die Deutsche Bucht...
"Vickers Wellington" bombers approaching the North Sea...

... wenig später sind die ersten Bf 109 da und eine schwere Niederlage der einfliegenden britischen Verbände bahnt sich an ..
... and are engaged in heavy dogfights with the German Me 109's arriving within short time.
▽

Unternehmen »Weserübung« 1940

X. Fliegerkorps, Generalleutnant Geisler, Hamburg
Bomber
Kampfgeschwader 4, Kampfgeschwader 26, Kampfgeschwader 30, Kampfgruppe 100
Stukas
I. Gruppe/Stukageschwader 1
Jäger und Zerstörer
I. Gruppe/Zerstörergeschwader 1, I. Gruppe/Zerstörergeschwader 76
II. Gruppe/Jagdgeschwader 77
Aufklärer
1. Staffel/Fernaufklärer 122, 1. Staffel/Fernaufklärer 120. 2. (H) Staffel/10 »Tannenberg«
Seeflieger
Küstenfliegergruppe 506
Fallschirmjäger
I. Bataillon/Fallschirmjägerregiment 1
Transportverbände
I.–IV. Gruppe/Kampfgeschwader z. b. V. 1
Kampfgruppen z. b. V. 101, 102, 103, 104, 105, 106, 107
I.–III. Gruppe/Kampfgeschwader z. b. V. 108

28. 3.
Der Oberste Alliierte Kriegsrat beschließt, die norwegischen Gewässer zu verminen und Truppen in Narvik, Drontheim, Bergen und Stavanger zu landen.

5. 4.
Mehrere Transportgeleite und später auch Einheiten der Kriegsmarine befinden sich in See, um der Landung alliierter Truppen in Norwegen zuvor zu kommen. Für das Unternehmen »Weserübung« wird von seiten der Luftwaffe Oberst Lt. Frhr. v. Gablenz als »Lufttransportchef Land« ernannt. Er verfügt über ca. 500 Transportflugzeuge, darunter viermotorige Großraumtransporter Ju 90 und Focke-Wulf FW 200, und G 38. Diese Transportflotte soll Aalborg, Oslo und Stavanger anfliegen.

9. 4.
Start der Transportflotte ab 5.30 Uhr. Über dem dänischen Aalborg werden Fallschirmjäger abgesetzt. Die Dänen leisten keinen Widerstand. Für die in Richtung Oslo – Stavanger fliegenden Maschinen erhöhen sich inzwischen die Schwierigkeiten. Über dem Skagerrak liegt dichter Nebel, der bis 600 Meter hinauf reicht. Stellenweise beträgt die Sicht nicht mehr als 20 Meter. 2 Transportmaschinen kollidieren und stürzen ab. Ein Weiterfliegen scheint unmöglich. Die erste Welle mit Fallschirmjägern an Bord geht auf Gegenkurs, um nach Aalborg zurückzufliegen. Im Oslofjord stehen Einheiten der Kriegsmarine im Kampf mit den Küstenbatterien. Der schwere Kreuzer »Blücher« sinkt durch Torpedo- und Granattreffer. Die Oslo anfliegenden Transportgruppen erhalten den Funkspruch: »An alle: Zurückkehren! X. Fliegerkorps« Die der ersten Welle folgende Gruppe fliegt jedoch weiter Oslo an. Unmittelbar vor dem Ziel klart das Wetter auf. Fast gleichzeitig landen in Oslo-Fornebu Zerstörer und Ju 52, beschossen von norwegischer Flak. Zahlreiche Maschinen erhalten Treffer oder gehen auf dem Platz zu Bruch. Fornebu muß von den Besatzungen der landenden Maschinen freigekämpft werden, denn die Fallschirmjäger in den Ju 52 der ersten Welle sind im Rückflug. 9.30 Uhr ist der für den Nachschub wichtige Platz in deutscher Hand. Erst drei Stunden später landet das Gros der Luftlandetruppen und Fallschirmjäger.
Stavanger wird von anderen Transportgruppen 9.30 Uhr erreicht. Aus 120 Meter Höhe springen Fallschirmjäger ab. Aus Bunkern am Rand des Flugplatzes verteidigen sich die norwegischen Soldaten mit heftigem MG-Feuer. Die gelandeten Fallschirmjäger gehen mit Handgranaten die Bunker an. 11.00 Uhr ist auch Stavanger/Sola frei für die landenden Transport-Staffeln. Die Stuka-Gruppe I/St. G. 1 (22 Ju 87) greifen 10.59 Uhr im Oslofjord norwegische Befestigungen im Sturzflug an, Teile von KG 4, KG 26 und KGr 100 bombardieren den Flugplatz Kjeller, Flakstellungen und Küstenbatterien. Gegen Abend sind die deutschen Landungstruppen Herr der Lage.

1.–19. 4.
Die Alliierten landen in Namsos und Andalsnes. 2 britische Divisionen, polnische und französische Truppen gehen an Land. Die Luftwaffe greift das Expeditionskorps unablässig an. Nach 2 Wochen müssen sich die alliierten Truppen aus Norwegen zurückziehen, ihre Mission ist gescheitert.

Operation "Weserübung" – 1940

The following air forces were put into readiness: X Fliegerkorps, Generalleutnant Geisler, Hamburg
Bombers
Bomber Squadron 4, Bomber Squadron 26,
Bomber Squadron 30,
Bomber group 100
Dive-bombers (Stuka's)
I Group/Stuka squadron 1
Fighter and destroyer planes
I Group/Destroyer squadron 1,
I Group/Destroyer squadron 76,
II Group/Fighter squadron 77
Reconnaissance planes

1 Wing/long-distance reconnaissance planes 122,
1 Wing/long-distance reconnaissance planes 120,
2 (H) Wing/10 "Tannenberg"
Naval planes
Flying Coast Group 506
Parachutists
I Bataillon/Parachute Rifle Regiment 1
Transportation units
I–IV Group/Fighter squadron 1, for special use
Fighter groups 101, 102, 103, 104, 105, 106, 107, for special use.
I–III Group/Bomber squadron 108 for special use.

28 March 1940

The High Command of the Allies plans to mine the Norwegian waters and land troops in Narvik, Trondheim, Bergen and Stavanger.

5 April 1940

Several convoys and, later, additional units of the German navy are on their way to Norway to prevent the expected Allied landing.

For the Luftwaffe Lt. Col. Baron v. Gablenz is named as the commander of the air transport for the operation "Weserübung". He has approximately 500 transport airplanes under his command, including huge four-engine "Ju 90", "Focke-Wulf FW 200" and "G 38". This air transportation fleet is bound for Aalborg, Oslo and Stavanger.

9 April 1940

The transportation fleet starts its movement at 0530 hours. Parachutists take the Danish town of Aalborg without resistance. The transport planes heading for Oslo and Stavanger encounter difficulties. Fog to a height of 1900 feet reduces visibility to less than 65 feet. Two planes collide over the Skagerrak and crash. It seems impossible to continue the mission. The first group of planes takes an alternate course to Aalborg. German naval vessels are engaged with coastal defences in the Oslo fjord. The heavy cruiser Bluecher sinks due to torpedo and shell hits. Air transportation groups heading for Oslo receive the following radio message: "To all personnel: X Fliegerkorps return!" Nevertheless, the group following the first group goes on to Oslo. Upon approaching the target the weather clears and, simultaneously, destroyer planes and Ju 52's land at Oslo-Fornebu, although they are under heavy antiaircraft fire. Many planes sustain direct hits or crash onto the airfield. The crews of the arriving German planes have to clear the airfield as airborne troops of the first group are on their return flight. At 0930 hours the Germans have seized the airfield, a very important base for supply purposes. Finally, three hours later the main elements of the parachutists and airborne troops disembark.

Also, at 0930 hours other air transport groups reach Stavanger and the parachuting troops jump from an altitude of 400 feet. Norwegian soldiers mount a stiff defense of the airfield with automatic weapons located in pill-boxes along the side of the airfield. The landing parachutists attack these fortifications with hand grenades. At 1100 hours Stavanger/Sola Airfield is cleared for the air transports. At 1059 hours the Stuka-Group I/St.G. 1 (22 Ju 87) attacks Norwegian defenses in the Oslo fjord with dive-bombers. Elements of the KG 4, KG 26 and KGr 100 bomb airfield Kjeller, antiaircraft gun positions and coastal batteries. At nightfall the German invasion forces control the situation.

1–19 April 1940

Allied forces including two British divisions, Polish and French troops land in Namsos and Andelsnes. The Luftwaffe attacks the British expeditionary force repeatedly until the Allies move their troops out of Norway. Their mission has failed.

Die ersten Transportverbände starten ▷
in den frühen Morgenstunden von Plätzen im Raum Schleswig-Holstein und fliegen dänisches und norwegisches Territorium an.

A lift-off in the early morning hours from German airfields. This is the beginning of operation »Weserübung«.

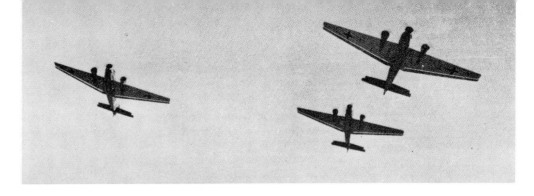

◁ Bis unter die Halskrause sind Ju 52-Transportflugzeuge mit Luftlande- und Heereseinheiten vollgepackt.

Fully loaded Ju 52 transportation planes.

Die hastig zusammengestellten Transportgruppen (K. Gr.z.b.V.) werden vielfach mit Flugzeugen von Fliegerschulen aufgefüllt. Hier eine Ju 52 von der Bordfunkerschule Halle/Saale während des Unternehmens.

School planes also used in the hastily grouped transportation units. ▷

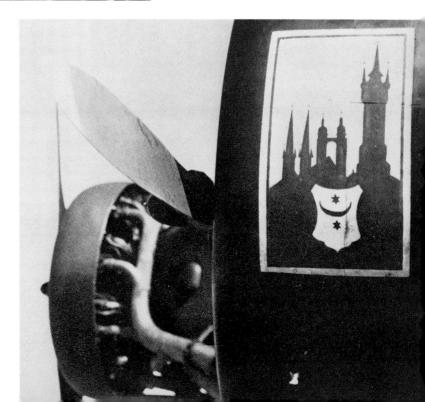

Mit ihren Bf 110-Zerstörern kämpft die I./ZG 76 den Flugplatz Oslo-Fornebu für die Landung der nachfolgenden Luftlandeverbände frei.

Me 110 Destroyer Planes of I/ZG 76 clear the Oslo-Fornebu airfield for the airborne troops.

◁ Im Tiefflug durch einen Fjord nimmt eine He 111 der KGr. 100 Kurs auf ihr Angriffsziel.

An He 111 of KGr 100 on a low level flight through a fjord.

Verbissene Angriffe norwegischer Jagdflugzeuge müssen die He 111 des KG 26, des »Löwengeschwaders« im Oslo-Fjord über sich ergehen lassen. Flugzeuge der 2. Staffel/KG 26 im engen Verbandsflug.

He 111's of KG 26, "Löwengeschwader", on a close formation flight to take advantage of the mutual support.

Durch die Kuppel des Bug-MG's bietet sich dem Bombenschützen der anfliegenden He 111 das imposante Bild der zerklüfteten norwegischen Küste.

View from the bombardier station in an He 111 of the rugged Norwegian coastline.

Auf dem besetzten Platz Stavanger-Sola sind He 111 des KG 4 und Do 17P der 1.(F)/122 eingefallen. Die wenigen Verbände werden in den folgenden Tagen ständig in der Luft gehalten, um den Norwegern überlegene Kampfkraft zu demonstrieren.

He 111's of KG 4 and Do 17 P's of 1(F)/122 on the airfield of Stavanger-Sola.

Zur Niederkämpfung von Bunkerstellungen ist, wie auch während des Polenfeldzuges wieder der Stuka Ju 87 im Einsatz. Flugzeuge der 1./St.G.1 fliegen die Felsenfestung Akershus an.
Stuka Ju 87's of 1/St.G.1 flying a sortie against the fortifications of Akershus.

△
Zur taktischen Erkundung und Nahaufklärung wird die 2.(H)-Staffel der Aufklärungsgruppe 10 »Tannenberg« nachgezogen. Der Beobachter verläßt seine Hs 126 nach einem Aufklärungsflug.

The observer of a short distance reconnaissance plane of Reconnaissance Group 10 »Tannenberg« alighting from his Hs 126 after a flight.

Interessiert verfolgen hier Norweger das Beladen der bulligen Ju 87 mit einer ▷ 250 kg-Bombe.

Norwegians watch the loading of a big Ju 87 with a 250 kg (550 lb) bomb.

◁ Verbindungs- und Kurierflüge werden auch in den nordischen Ländern mit der Fi 156, dem bewährten »Storch« durchgeführt.

The very reliable Fi 156 »Storch« (stork) is often used for liaison flights.

Flugzeugführer der II./JG 77 vor einer Bf 109-E-3. Diese Jagdgruppe nimmt als einzige einmot-Jagdeinheit an dem Unternehmen »Weserübung« teil.

Pilots of II/JG 77 in front of an Me 109, the only fighter group that took part in the Norwegian campaign.

Dieses norwegische Aufklärungsflugzeug versuchte, nachdem angeschossen, eine Notlandung auf einem zugefrorenen Gewässer, brach dabei jedoch durch die zu dünne Eisschicht.

The emergency landing of this Norwegian reconnaissance plane fails.

Ein während der ersten Tage des Norwegen-Feldzuges abgesprungener und in Gefangenschaft geratener Flugzeugführer der Luftwaffe berichtet nach seiner Befreiung Offizieren vorgehender Heereseinheiten.

After his liberation from Norwegian captivity, this pilot of the Luftwaffe reports to officers of advancing German Army units.

Der durch Stuka-Angriffe schwer beschädigte Verschiebebahnhof von Dombas.
The railway yard of Dombas was heavily damaged by a divebombing attack.

Die durch Sprengung für die einrückenden Deutschen unbrauchbar gemachten Flugzeughallen von Drontheim.
Hangars blown up before the Germans reached Drontheim.

Mit Schwimmerflugzeugen des Baumusters He 115 fliegt die Kü.Fl.Gr. 506 Küstenüberwachung, Mineneinsätze und Schiffsaufklärung.
He 115 seaplane of Kü.Fl.Gr. 506.

△
Bei der Einnahme des Erzhafens Narvik entstehen unter den Gebirgsjägereinheiten relativ schwere Verluste. Fallschirmjäger werden deshalb zur Verstärkung aus Ju 52-Flugzeugen abgesetzt.

Parachutists being dropped from Ju 52's over Narvik to give support to German forces.

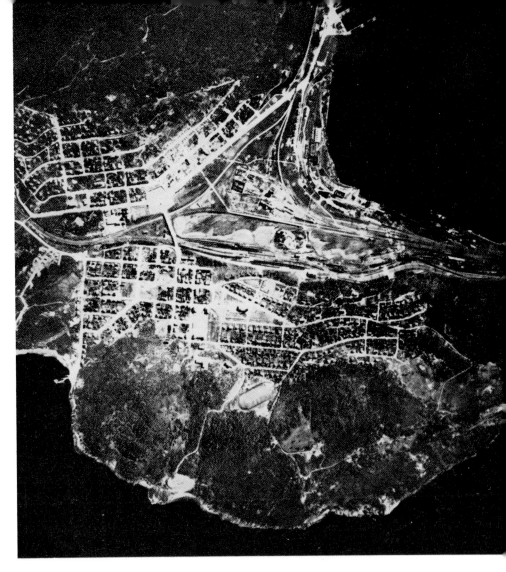

△
Luftbild von Narvik und den Verladeanlagen des Hafens, aufgenommen von einem deutschen Fernaufklärer.

Airphoto taken from a German reconnaissance airplane showing the piers of Narvik, an important harbor for the shipping of iron ore.

◁ Nach dem Absprung und Sammeln einer Fallschirmjägergruppe gibt ein Leutnant Anweisungen für den bevorstehenden Einsatz.

A group of paratroopers receiving new orders.

◁ Wichtige Versorgungsgüter und Truppenverstärkungen werden nach endgültiger Inbesitznahme des Erzhafens Narvik von He 59-Doppeldeckern herangeflogen. Auf dem Bild werden Flaksoldaten mit einem Schlauchboot an Land gebracht.

A raft from a seaplane He 59 carrying soldiers to the shore near Narvik.

Die erste Suppe wird, da Laderaum in den Transportern für Feldküchen vorerst knapp ist, auf einem requirierten Küchenherd angerührt. ▷

The first warm meal after a long battle.

◁ Für Erfolge bei der Bekämpfung von Schiffszielen vor der norwegischen Küste wird einer Ju 88-Besatzung des KG 30 das EK I verliehen.

A crew of a Ju 88 of KG 30 receives medals for being successful against enemy ships.

Transporter-Besatzungen werden nach Abschluß der Aktion mit dem EK II ausgezeichnet.

Decorated crews of transportation planes.
▽

Im Westen 1940
Der Feldzug in Frankreich

Am 10. Mai 1940 stehen die Luftflotte 2 (Gen. d. Flieger Kesselring) und 3 (Gen. d. Flieger Sperrle) zum Einsatz bereit. Sie verfügen über Frontflugzeuge: 42 Schlachtflugzeuge (Hs 123), 342 Stukas (Ju 87), 1016 Jäger (Bf 109), 1120 Kampfflugzeuge (Do 17, He 111, Ju 88) 248 Zerstörer (Bf 110) sowie Aufklärer und Transportmaschinen.

10. 5. – 12. 5.
Lange bevor die Infanterie zum Angriff antritt und die Artillerie die Feldstellungen und Befestigungen im französischen, belgischen und holländischen Grenzgebiet unter Feuer nimmt, schweben 41 Lastensegler – bei Köln gestartet – im Schlepp von Ju 52 auf einer Leuchtfeuerstraße auf das belgische Sperrfort Eben Emael und auf Brücken über den Albert-Kanal zu. Der Überraschungsangriff aus der Luft gelingt nur teilweise. Die Landung auf dem Fort erfolgt mitten zwischen den Panzerkuppeln. Eine Viertelstunde später ist es den deutschen Sturmtrupps gelungen, einen großen Teil der belgischen Verteidigungsanlagen im Fort außer Gefecht zu setzen. Dann müssen die Männer der Sturmtrupps zur Verteidigung übergehen, bis 20 Stunden später Pioniereinheiten bis zum Werk vorstoßen. Der belgische Kommandant Jottrand bietet die Übergabe an. Ein für unbezwinglich gehaltenes Fort ist aus der Luft angegriffen und erobert worden.

Auch die Brücken über den Albert-Kanal sind in deutscher Hand, wenngleich es den Belgiern gelingt, zwei Brücken rechtzeitig zu sprengen.

Währenddessen hat seit dem offiziellen Angriffsbeginn die Luftwaffe französische, belgische und holländische Truppenansammlungen, Feldbefestigungen und Knotenpunkte angegriffen und die Erdtruppen im laufenden Einsatz unterstützt.

Im Luftkampf erweist sich die Bf 109 den französischen Maschinen vom Typ »Amiot«, »Bloch« und den britischen »Battle« und »Hurricane« überlegen. Fallschirmjäger und Luftlandetruppen gewinnen nach harten Kämpfen zusammen mit Truppen des Heeres die Festung »Holland«.

13. 5.
Im Raum Sedan greift die Luftflotte 3 (Sperrle) in rollendem Angriff – wechselnd Stuka und horizontal – die französischen Stellungen an der Maas an. Am Abend ist der Infanterie der Maasübergang gelungen. Weitere Angriffe der Luftflotte gelten Truppenansammlungen im Hinterland und dem Anmarsch feindlicher Reserven.

14. 5.
Schwere Luftkämpfe an allen Teilen der Front. Die Alliierten versuchen, die deutsche Luftoffensive zu stoppen. Allein im Raum Sedan werden 89 französische und britische Jäger und Bomber abgeschossen. Die Flak hat daran erheblichen Anteil.

57 He 111 bombardieren 15.00 Uhr Rotterdam. Versuche, den Angriff durch Funk und rote Leuchtzeichen zu verhindern, nachdem Übergabeverhandlungen im Gange sind, scheitern. 43 Maschinen können rechtzeitig vor Bombenabwurf abgedreht werden. 20.30 Uhr bietet General Winkelman, Oberbefehlshaber der holländischen Streikräfte, die Kapitulation an. Trotz der großen Erfolge sind die Verluste an fliegendem Personal und Maschinen erheblich. Von 430 eingesetzten Ju 52 gehen in der »Festung Holland« mehr als 300 Maschinen verloren oder werden stark beschädigt.

15. 5. – 21. 5.
Fortsetzung der schweren Angriffe aller Teile der Luftwaffe auf französische und britische Flugplätze und Truppenansammlungen. Truppen des Heeres durchbrechen die Dyle-Stellung. Die Luftherrschaft wird durch den ununterbrochenen Einsatz der Jagdgeschwader am 6. Tag des Feldzuges errungen.

22. 5.
Starke französische Panzerverbände stoßen bei Cambrai in Richtung Süden gegen die Flanke der Panzergruppe v. Kleist (Sichelschnitt). Schlachtflugzeuge und 8,8 cm-Flak zerschlagen den feindlichen Angriff. Auch bei Amiens, Arras, Rethel und Sedan werden Panzerangriffe der Alliierten auf die Flanken des deutschen Panzervorstoßes gestoppt und zum großen Teil aus der Luft zerschlagen.

23. – 24. 5.
Die Verlegung der Geschwader auf nahe der Front liegende Plätze erweist sich als schwierig. Die Anflugwege von Flugplätzen aus dem Heimatgebiet sind zu weit. Auch das Nachschubproblem wird schwieriger.

25. 5.
Hitler hält die Panzer vor Dünkirchen an. Göring glaubt, Dünkirchen und die eingekesselten britischen Einheiten durch konzentrierten Einsatz der Luftwaffe bezwingen zu können.

26. 5.
Zusammengefaßter Stukaschlag unter Jagdschutz gegen Calais, das 16.45 Uhr kapituliert. Deutsche Panzerverbände stoßen über den Aire-Kanal vor.

27. 5.
Schwere Luftangriffe auf britische und französische Stellungen in und um Dünkirchen sowie auf Schiffsziele. Do 17, He 111 und Ju 87 greifen in rollendem Einsatz an. Mehrere Schiffe werden getroffen, jedoch viele Fehlwürfe. Gegen Mittag räumen die britischen Truppen die Stadt und ziehen sich in Richtung Strand zurück. Von England aus werden mehr als 200 Spitfire in den Kampf geworfen, um das Einschiffen der englischen Truppen gegen die deutschen Luftangriffe zu decken. Hohe Verluste bei

den deutschen Kampfflugzeugen. II. Fliegerkorps meldet allein den Totalausfall von 23 Maschinen.

28. 5. – 29. 5.
Eine Schlechtwetterfront erschwert die Flugtätigkeit. Erst 15.30 Uhr werden wieder Angriffe auf die vor Dünkirchen liegenden britischen Schiffe und die Verladung geflogen. Belgien kapituliert.

30. 5.
Nebel und Regen behindern den Einsatz. Es gelingt den Briten wiederum, über 50 000 Soldaten in Sicherheit zu bringen.

1. 6.
Das Wetter bessert sich. Erneut schwere Angriffe auf Transport- und Kriegsschiffe. 14 Schiffe werden versenkt. Infolge der schweren Luftangriffe entschließt sich das britische Oberkommando, nur noch nachts einzuschiffen. Insgesamt gelingt es der englischen Marine mit der Operation »Dynamo« 338 226 Mann aus dem Kessel von Dünkirchen zu retten.

2. 6.
Unterstützung des Heeres beim Fortgang des Feldzuges gegen Frankreich. Luftkämpfe mit britischen Jägern über dem Kanal, wobei die britischen Jäger den Befehl erhalten, Luftkämpfen nach Möglichkeit auszuweichen.

5. 6.
Beginn des Angriffs über die »Weygand-Linie«.

9. 6.
Truppen des Heeres erreichen Reims.

14. 6.
Kampflose Besetzung von Paris.

14. 6.
Einbruch in die Maginotlinie mit starker Unterstützung durch Luftwaffe.

15. 6.
Verdun wird genommen.

18. 6.
Einnahme von Cherbourg

22. 6.
Unterzeichnung des deutsch-französischen Waffenstillstandes.

The Western Front – 1940
The Campaign in France

On 10 May 1940 Airfleets 2 (Air Force General Kesselring) and 3 (Air Force General Sperrle) are ready for action. The following aircraft are available: 42 combat airplanes (HS 123), 342 Stukas (Ju 87), 1016 fighter planes (Me 109), 1120 bombers (Do 17, He 111, Ju 88), 248 destroyer airplanes (Bf 110), reconnaissance planes and transport airplanes.

10–12 May 1940
Long before the infantry is put into action and before the artillery opens fire upon fortified positions in the French, Belgian and Dutch border regions, forty-one troop gliders towed by Ju 52's are directed by a line of flares toward the Belgian Fort Eben Emael and the Albert Canal. This surprise air attack is nearly a complete success. The landing at the Fort takes place among the fortified gun turrets. Fifteen minutes later the German storm troopers have rendered most of the Belgian defensive positions at the Fort ineffective. Then the men of the storm troops must take up the defensive until twenty hours later, when the combat engineer units have advanced. The Belgian commander, Jottrand, offers the surrender of the Fort. A Fort, believed to be invincible, had been attacked and conquered from the air. Also the bridges over the Albert Canal are in German hands although the Belgians were able to blow up two other bridges before seizure. Since the official time of attack, the Luftwaffe has struck French, Belgian and Dutch troop concentrations, fortified field positions, and rail junctions and given support to the infantry during its uninterrupted operations.

In dogfights the German Me 109 proves superior to the French aircraft "Bloch", and the British "Battle" and "Hurricane".

After heavy fighting the parachutists and airborne troops together with the infantry conquer Fortress Holland.

13 May 1940
Airfleet 3 (Sperrle) strikes French positions at the Maas river around Sedan in continuing attacks alternating between dive bombing and high level bombing. By nightfall the infantry had passed the Maas. Further assaults by the Air Force struck troop concentrations in the rear areas and advancing enemy reserves.

14 May 1940
Concentrated air battles take place along all parts of the front. The Allies try to stop the German air offensive. Eighty-nine French and British fighter planes and bombers are shot down over the area near Sedan. Antiaircraft guns take a decisive role in these fights.

Fifty-seven He 111's bomb Rotterdam at 1500 hours. After negotiations for surrender are in progress the German Command attempts by use of radio and red light signals to cancel the assault but fails. Forty-three aircraft are contacted before dropping their bombs. At 2030 hours General Winkelman, High Commander of the Dutch Forces, offers capitulation. The losses of flying personnel and aircraft are heavy in spite of the great success. More than 300 of the 430 Ju 52 aircraft that were put into action are either lost or heavily damaged over Fortress Holland.

15–21 May 1940
Heavy attacks by the entire Luftwaffe on French and British airports and troop concentrations continue. Elements of the army break through the Dyle line. On the sixth day of the campaign control of the air is achieved from constant attacks by fighter squadrons.

22 May 1940
Heavy French armoured units advance near Cambrai in a southerly direction toward the flank of the Panzergruppe v. Kleist (Sichelschnitt). Combat planes and 88 mm antiaircraft guns repel

the enemy attack. Armoured assaults of the Allies on the flanks of the German armoured movement are stopped near Amiens, Arras, Rethel and Sedan and nearly annihilated by air strikes.

23–24 May 1940
The regrouping of the squadrons at airports close to the front proves too difficult. The flights from airports in Germany are too long. Also there are supply problems.

25 May 1940
Hitler orders the tanks halted in front of Dunkirk. Göring resolves to defeat Dunkirk and the surrounded British units with concentrated attacks by the Luftwaffe.

26 May 1940
A concentrated Stuka attack with fighter coverage is made on Calais. The emeny surrenders at 1645 hours. German armoured units advance over the Aire Canal.

27 May 1940
The British and French positions and ships in and around Dunkirk are heavily attacked from the air. Do 17, He 111 and Ju 87 fly constant attacks. Several ships are hit. Around noon the British troops evacuate the city and withdraw toward the shore. More than 200 Spitfire's are sent over from England to provide cover against attacks from the Luftwaffe during the embarkation of the British troops. The losses of German combat aircraft are very heavy. The II Fliegerkorps reports a total loss of 23 aircraft.

28–29 May 1940
Increasing bad weather complicates the flying operations. By 1530 hours sorties are flown against British ships before Dunkirk. Belgium capitulates.

30 May 1940
Rain and fog reduce military operations. The British succeed again in transferring more than 50,000 soldiers to safety.

1 June 1940
Weather conditions have improved and again strikes are directed against transport and war ships. Fourteen ships are sent to the bottom. The British High Command decides to embark at night because of the concentration of German air raids. The British Navy is able to rescue a total of 338,226 men from the caldron of Dunkirk with operation "Dynamo".

2 June 1940
The Luftwaffe continues to assist the infantry in its campaign against France. Dogfights take place over the English channel, although British fighter pilots are ordered to avoid possible airfights.

5 June 1940
The assault on the "Weygand Line" starts.

9 June 1940
Infantry troops reach Reims.

14 June 1940
Paris is occupied without fighting. Troops break through the "Maginot Line" with extensive support from the Luftwaffe.

15 June 1940
Verdun falls.

18 June 1940
Cherbourg is conquered.

22 June 1940
The German-French armistice is signed.

Die Karte gibt einen Überblick ▷
über die Luftlandeaktionen am
ersten Tag des Westfeldzuges.

The map shows the area of the
airborne action on the first day
of the campaign in the West.

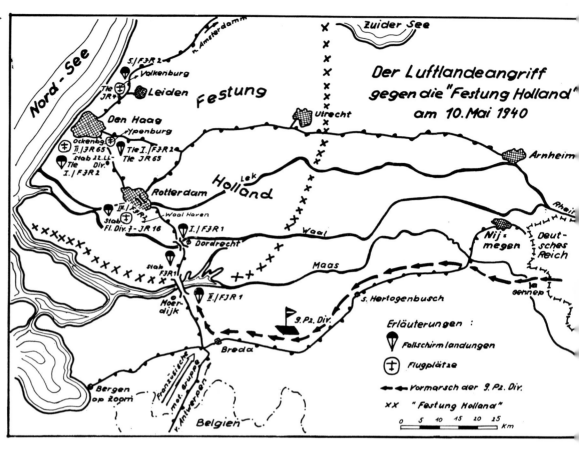

◁
Als unüberwindlich gelten die
steilen Festungs-Außenmauern
des Sperrforts Eben Emael mit
vorgelagertem Albert-Kanal.
An eine Überrumpelung aus
der Luft denkt keiner der Verteidiger.

These steep outside walls of
Fort Eben Emael are believed
to be invincible.

Mit Pioniersprengstoffen geht die abge- ▷
setzte Sturmgruppe »Granit« solchen
Bunkerkolossen zuleibe.

Storm troopers of the unit, Granit,
attack huge concrete bunkers with hollow charges.

△
Diese Luftaufnahme zeigt drei der zwischen
den Panzerkuppeln auf Eben Emael gelandeten
Lastensegler DFS 230.

This airphoto shows three DFS 230 troop gliders that have landed among the armored gun turrets of Fort Eben Emael.

◁ Die erste Zigarette nach der Übergabe des Festungswerkes! Die Abteilung verlor bei der Aktion sechs Mann, etwa 20 der Angreifer wurden verwundet.

The first cigarette after the surrender of the fortress.

Zu Handstreichen auf die für kommende Operationen wichtigen ▷ Brückenköpfe kommen an verschiedenen Punkten Fallschirmjäger zum Sprungeinsatz.

Parachutists launch surprise attacks on several locations that are of strategic interest in the Netherlands.

Eine dieser im Überraschungsangriff besetzten Brücken ist die Hochbrücke von Veldwezelt, die danach unter konzentriertem Feuer gegnerischer Artillerie liegt, jedoch nur leicht beschädigt wird.

The bridge of Veldwezelt is an important target.
▽

Auch die Überrumpelung der Wachmannschaften an der Kanalbrücke von ▷
Vroenhoven gelingt.
The canal bridge of Vroenhoven is taken by surprise.

◁ Nach der Verleihung des Ritterkreuzes an Hptm. Koch, den Führer der Sturmabteilung, die Eben Emael einnahm, berichtet dieser dem Oberbefehlshaber der LW, Hermann Göring.

The decorated commander of the successful action against Fort Eben Emael reports to the High Commander of the Luftwaffe, Hermann Göring.

Die Holländer hatten auf einigen ihrer Flug- ▷
plätze zur Erschwerung der Landung von Transportflugzeugen Drahtverhaue und spanische Reiter aufgestellt. Da auch auf dem Platz Ypenburg eine Landung ausgeschlossen ist, landet eine Gruppe von Ju 52 auf der nahen Autostraße, einige der Maschinen brechen dabei aus und geraten von der Fahrbahn ab.

These Ju 52's crashed on a Dutch highway which was used as an emergency landing strip.

Oberst Bräuer (5.v.r.), der Kommandeur des 1.Fallschirmj. Rgts. mit Offizieren der zu eingeschlossenen Fallschirmjägereinheiten durchgestoßenen Heeresspitze.

The commander of the 1 Airborne Regiment, Col. Bräuer (fifth from right), talks to officers of the German Army.

Überall in der Nähe holländischer Flugplätze liegen die Wracks der bei Außenlandungen beschädigten deutschen Transportflugzeuge.

Wrecked German transport planes after emergency landings near Dutch airfields.

Luftaufnahme eines Stadtteiles von Rotterdam, das am 14. Mai 1940 durch einen zu spät zurückbefohlenen Angriff deutscher Kampfflugzeuge stark zerstört wird.

An airphoto of Rotterdam taken after the tragic air raid on 14 May 1940.

△ Der zweite Tag des Krieges im Westen wird von schweren Angriffen der Luftwaffe auf Ziele in Frankreich eingeleitet. Do 17Z des KG 2 fliegen die französische Grenze an.
Do 17's of the KG 2 fly toward the French border.

◁ Auf den grenznahen Fliegerhorsten im Reichsgebiet werden Bomben für weitere Luftangriffe an die Abstellplätze transportiert.
Bombs are prepared for combat on airfields close to the French border.

Die zum Schutz gegen Fliegersicht am Waldrand abgestellten Kampfflugzeuge He 111P der III./KG 55 werden zum Feindflug vorbereitet. ▷
He 111 bombers of III/KG 55 are readied for the next sortie.

◁ Letzte Absprache einer He 111-Besatzung vor dem Start. Die auf dem Flugweg liegenden Flak-Konzentrationen werden in der Karte noch einmal genau markiert.

The crew of an He 111 discusses emplacements of antiaircraft guns located on their route.

△
Das gleiche Bild auf dem Absprunghafen des KG 54, das als »Totenkopfgeschwader« später auf allen Kriegsschauplätzen im Einsatz ist.

On the home air base of the KG 54 known as the "Totenkopfgeschwader" (Death head squadron).

Nach dem Start fliegen die Staffeln über den Wolken ▷ in gelockertem Verband ihre Ziele an.

A formation of German squadrons on a flight toward targets in France.

Unteroffiziere eines Zerstörergeschwaders bei der Einweisung vor dem Start zum Begleitschutz von Bombergruppen.
Crews of a Destroyer Group receive orders for a new mission.

◁ Der Jagdschutz der angreifenden Verbände wird von Jagd- und Zerstörergruppen gestellt. Warte helfen dem Piloten einer Bf 109C in die Fallschirmgurte.
The ground crew of an Me 109 helps the pilot to put on his parachute.

△
Kettenweise heben die Zerstörer vom Typ Bf 110C von der Startbahn ab und nehmen Kurs zum Treffpunkt mit den »dicken Brummern«.
Me 110 Destroyers planes take off to meet the "Big Buzzers" (bombers) which have to be escorted.

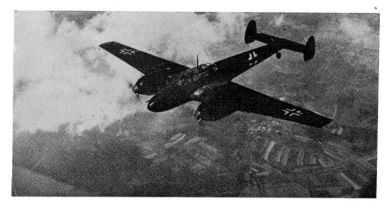

◁ Mit 4x MG 17 und 2x MG FF(20 mm)-Kanonen ist die Bf 110 ein zweisitziger Jäger mit enormer Feuerkraft. Erste Feindberührungen mit englischen Jägern lassen jedoch die zu geringe Geschwindigkeit und Wendigkeit augenscheinlich werden.
The Me 110 Destroyer Plane carries four nose-mounted MG 17 machine guns and two MG FF (20 mm) guns.

Zum Angriff auf Einzelziele werden Ju 87B der IV.(Stuka)/ ▷
Lehrgeschwader 1 mit Bomben beladen.
A bomb is loaded externally under the belly of a Ju 87.

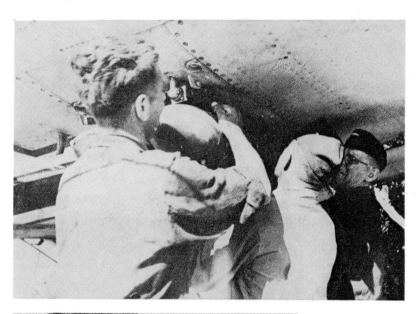

◁ Unter jeder Tragfläche können dem Stuka Ju 87 zusätzlich je zwei 25 kg-Bomben untergehängt werden. Auch dieses Flugzeug soll sich später wegen seiner zu geringen Geschwindigkeit als nur bedingt brauchbar erweisen.
The Stuka Ju 87 is capable of carrying two additional 25 kg (55 lb) bombs under each wing.

◁ Für die beiden Flächen-MG der Sturzkampfflugzeuge wird von den Waffenwarten Patronen-Munition gegurtet.
Maintenance work on the wing-mounted 7.9 mm MG machine gun of a Ju 87.

Auch während des Anschnallens in der Kabine darf die typische »Galland-Zigarre« nicht ausgehen. Die Mickey Maus an der Rumpfseite war Gallands persönliches Kennzeichen.

The ever-burning cigar and the Mickey Mouse emblem on the fuselage were the identifying marks of Major Galland.

Einer der erfolgreichsten Jagdflieger des Westfeldzuges ist Maj. Adolf Galland (JG 26).

Major Adolf Galland (JG 26), one of the most successful flying aces of the campaign in the west.

Bei einem Begleitauftrag schießt Galland eine »Hurricane« in Brand. Das Schußkamera-Bild zeigt deutlich die ersten Kanonentreffer in der linken Tragfläche des Gegners.

Galland destroys a Hurricane fighter during an escort mission. A photo from the gun camera shows direct hits in the left wing of the fighter plane.

◁ Großes Hallo, als der Gruppenkommandeur vor der Landung wackelnd – zur Ankündigung eines Luftsieges – über den Platz zischt.

The ground crew cheers when the group commander buzzes over the airfield announcing a victory by wiggling the wings.

Vorrückende deutsche Heeresverbände finden neben einem Bahndamm ein notgelandetes Fernaufklärungsflugzeug vom Typ Do 17P.

Advancing German Army units find a German long-distance reconnaissance airplane after an emergency landing.

Vielen abgeschossenen, oder im Feindgebiet notgelandeten deutschen Fliegern gelang es, sich bis zu eigenen Verbänden durchzuschlagen. Zwei Mitglieder einer Kampfflugzeugbesatzung werden auf eigenem Fliegerhorst begrüßt.

Two crew members of a bomber plane are welcomed at their airfield after escaping through the French lines.

Pech dagegen hat das englische Fliegerass Douglas Bader, dem es, obgleich beidbeinig amputiert im Sommer 1941 gelingt, aus seiner angeschossenen Maschine mit dem Fallschirm abzuspringen. Er gerät in deutsche Gefangenschaft und ist hier Gast beim JG 26.

The British flying ace, Douglas Bader, went into German captivity after having parachuted to safety although both legs were amputated.

Widerstandsnester, die vorrückende Heeresspitzen aufhalten wollen, werden ▷
von Stukas niedergekämpft.
Strongholds are reduced by Stuka's.

△
Eroberte französische Flugplätze sind oft mit Trümmern französischer und englischer Flugzeuge übersät, die überraschenden Tiefangriffen zum Opfer fielen.
French airfields are often littered with the wreckage of French and British airplanes after ground-strafing attacks.

Eine nahe der Vormarschstraße bei Chalons sur Marne notgelandete Bf 109E der 1./JG 2 "Richthofen" wird von Landsern bestaunt und begutachtet. ▷

An Me 109 of 1/JG 2 "Richthofen" is surrounded by German soldiers after an emergency landing near Chalons-sur-Marne.

◁ Um den rasch vorverlegenden Staffeln und Gruppen folgen zu können, werden Flugzeugwarte mit ihrem Werkzeug von Ju 52-Transportern den Einheiten nachgeflogen.

The squadrons of the Luftwaffe are transferred to advanced airfields. The ground crews follow in Ju 52 transport planes.

◁ Auf den neu besetzten Flugplätzen werden sofort nach der Belegung Vermessungs- und Nivellierarbeiten durchgeführt.
The French airfields are surveyed after their occupation.

◁ Auch hier werden nach einem Feindflug fliegerische Erfahrungen, wenn auch auf etwas niederer Ebene, ausgetauscht.
A successful mission is re-lived on the ground.

Bilanz auf dem Ruder einer Bf 109. Aus den markierten Daten ist zu ersehen, daß der Pilot Hptm. Otto Bertram, JG 2 einen Großteil seiner Erfolge über England erzielen konnte. ▷

The markings on the rudder of an Me 109 show that the pilot, Capt. Otto Bertram of JG 2, achieved most of his victories over England.

△
Zu einem Erfahrungsaustausch treffen die beiden erfolgreichsten Jagdflieger des Jahres 1940, Adolf Galland und Werner Mölders, zusammen.
The most successful flying aces of the year 1940, Adolf Galland and Werner Mölders, meet each other to exchange experiences.

Geschwaderkommodore des JG 26 Maj. Witt (rechts) mit Piloten des
Geschwaderstabes Hptm. Ebbighausen (Mitte) und Lt. Hilleke (links)
auf einem Feldflughafen in Frankreich.

Squadron Leader Major Witt (right) of JG 26 with pilots from the
staff of the squadron on an airfield in France.

Zerstörer Bf 110C von der II./ZG 76 über dem brennenden Dünkirchen. Trotz massierter Angriffe der Luftwaffe gelang es nicht, die Einschiffung und Rückführung des englischen Expeditionskorps zu verhindern.

Me 110 Destroyer Planes of II/ZG 76 over the burning city of Dunkirk.

Wegen der zu geringen Wassertiefe müssen größere Transportschiffe
weit vor dem Strand von Dünkirchen ankern. Um an Bord zu kommen, heißt es für die englischen Soldaten, bis zum Hals im Wasser an
die Schiffe heranwaten.

The British soldiers wade to their big transportation ships anchored
far from the shore because the waters are shallow on the beaches of
Dunkirk.

△ Deutsche Kampfflugzeuge He 111P vom KG 55 überfliegen das besetzte Paris anläßlich der Siegesparade nach der Kapitulation Frankreichs.

German He 111 bombers of KG 55 parade over Paris after the capitulation of France.

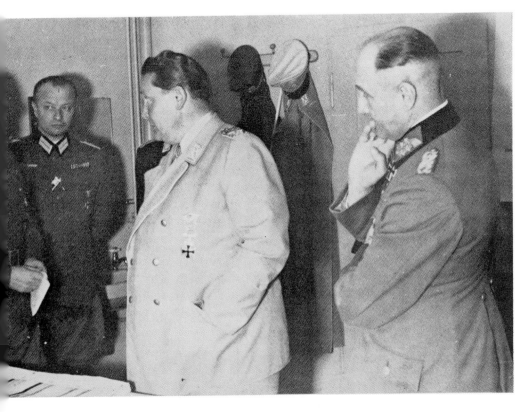

◁ Unmittelbar nach Beendigung des Frankreichfeldzuges beginnen die Besprechungen zum Unternehmen »Seelöwe«, der geplanten Landung an der englischen Südküste.

After the campaign in France, the preparations for operation "Seelöwe" (the invasion of England) are started.

Zur Verabschiedung des Geschwaderkommodores Galland besucht Göring das JG 26 am 5. 12. 1941 in Audembert. Das JG 26 trug zusammen mit dem JG 27, JG 51, JG 53 und JG 54 die Hauplast der Abwehr im Frankreichfeldzug und der darauf folgenden Schlacht um England.
On 5 December 1941 Göring visits the famous unit of the Luftwaffe, JG 26, whose commander, Adolf Galland, is discharged.

◁ Der Ob.d.L. mit Galland und Mölders vor seinem Sonderzug in Nordfrankreich.
Galland and Mölders, with the High Commander of the Luftwaffe in front of his special train in northern France.

Erfolgreiche Flieger im Westfeldzug
Victorious pilots of the campaign in France

Obltn. Joachim Müncheberg, JG 26
1st Lt. Joachim Müncheberg of JG 26
▽

Obltn. Helmut Wick, JG 2 hier hoch zu Roß.
1st Lt. Helmut Wick of JG 2
▽

△
Obltn. Hans E. Bob, JG 54
1st Lt. Hans E. Bob of JG 54

Fw. Heinz Bär, JG 51
1st Sgt. Heinz Bär of JG 51
▽

△
Obltn. Max Buchholz, JG 3
1st Lt. Max Buchholz of JG 3

Hptm. Walter Bradel, KG 2
Capt. Walter Bradel of KG 2
▽

Die Luftschlacht um England 1940

Am »Adlertag« standen die folgenden Geschwader der Luftwaffe bereit:
Luftflotte 2 (Kesselring)
I. Fliegerkorps (Grauert)
Kampfgeschwader 1 (He 111)
Kampfgeschwader 76 (Do 17 und Ju 88)
Kampfgeschwader 77
(Ju 88, vorerst nicht eingesetzt)
II. Fliegerkorps (Loerzer)
Kampfgeschwader 2 (Do 17)
Kampfgeschwader 3 (Do 17)
Kampfgeschwader 53 (He 111)
II./Stukageschwader 1 (Ju 87)
IV. (St.)/Lehrgeschwader 1 (Ju 87)
Erprobungsgruppe 210 (Bf 109 und Bf 110)
9. Fliegerdivision (Coeler)
Kampfgeschwader 4 (He 111 und Ju 88)
I./Kampfgeschwader 40
(Ju 88 und FW 200, in Aufstellung)
Kampfgruppe 100
(He 111 »Pfadfinder«)
Jagdfliegerführer 2 (Osterkamp)
Jagdgeschwader 3 (Bf 109)
Jagdgeschwader 26 (Bf 109)
Jagdgeschwader 51 (Bf 109)
Jagdgeschwader 52 (Bf 109)
Jagdgeschwader 54 (Bf 109)
Luftflotte 3 (Sperrle)
VIII. Fliegerkorps (v. Richthofen)
Stukageschwader 1 (Ju 87)
Stukageschwader 2 (Ju 87)
Stukageschwader 77 (Ju 87)
Jagdgeschwader 27 (Bf 109)
II. (S.) Lehrgeschwader 2
V. Fliegerkorps (v. Greim)
Kampfgeschwader 51 (Ju 88)
Kampfgeschwader 54 (Ju 88)
Kampfgeschwader 55 (He 111)
IV. Fliegerkorps (Pflugbeil)
Lehrgeschwader 1 – (Ju 88)
K. Gr. 806 (Ju 88)
Kampfgeschwader 27 (He 111)
Stukageschwader 3 (Ju 87)
Jagdfliegerführer 3 (Junck)
Jagdgeschwader 2 (Bf 109)
Jagdgeschwader 53 (Bf 109)
Zerstörergeschwader 2 (Bf 110)
Luftflotte 5 (Stumpff)
X. Fliegerkorps (Geisler)
I. und II./JG 77 (Bf 109)
Kampfgeschwader 26 (He 111)
Kü. Fl. Gr. 506 (115)
Kampfgeschwader 30 (Ju 88)
I./Zerstörergeschwader 76 (Bf 110).

1. 8.–11. 8.
Hitler gibt in der Führerweisung 17 den verschärften Luft- und Seekrieg gegen England frei. Am nächsten Tag bestimmt Göring, daß die Luftflotten 2 und 3 die britischen Flugplätze, die Radarstationen und die Bodenorganisationen angreifen werden. Die Luftüberlegenheit soll dadurch schnell errungen werden. Eine Schlechtwetterperiode bringt die Verschiebung des Angriffstermins auf 10. 8., dann 11., schließlich 13. 8. Bereits am 12. 8. erste Angriffe auf die Radaranlagen Perensey, Rye und weitere Stationen. Trotz schwerer Bombentreffer sind die Anlagen wenige Stunden später wieder in Betrieb. Der Flugplatz Manston wird schwer getroffen (Erprobungsgruppe 210).

13. 8.
Kurzfristige Wetterbesserung, später wieder Eintrübung und Regen. Angriff erneut abgeblasen. Nur KG 2 (Oberst J. Fink) startet, da der Gegenbefehl das Geschwader nicht erreicht. Bomben auf Eastchurch. Auf dem Rückflug greifen Spitfire und Hurricane den deutschen Verband an, der ohne Jagdschutz fliegt KG 2 verliert vier Maschinen. Zerstörer Bf 110 werden in schwere Luftkämpfe verwickelt und erweisen sich den britischen Jägern unterlegen. Stuka-Geschwader greifen an, finden aber z. T. die unter der niedrigen Wolkendecke verborgenen Flugplätze nicht und kehren mit Bombenlast zurück. Hohe Verluste durch britische Jäger. Angriffe weiterer Geschwader auf die Flugplätze Dething, Andover, Middle Wallop u. a. Am ersten Angriffstag flogen 485 Bomber und Stukas und ca. 1000 Jäger gegen England. Verluste: 34 Maschinen.

14. 8.
Kein Flugwetter. Nur Angriff auf Jägerplatz Manston.

15. 8.
Stukagruppen greifen die Flugplätze Lympne und Hawkinge an. Aus Norwegen (Stavanger) und Dänemark (Aalborg) fliegen KG 26 und KG 30 mit 120 Kampfflugzeugen an (He 111 und Ju 88). Da Anflug ca. 700 km, nur Schutz durch 21 Bf 110. KG 30 zerstört Flugplatz Driffield. Durch 5 Jagdstaffeln Spitfire und Hurricane angegriffen, erleiden beide Geschwader ernste Verluste. Am Nachmittag greifen drei Do 17-Gruppen weitere Flughäfen und Fabriken südlich der Themse an. Die Erprobungsgruppe 210

bombt den Jägerplatz Martlesham. KG 3 greift erneut Eastchurch und Rochester an. Drei Stunden später Angriff der Luftflotte 3 (Sperrle). Starke Abwehr durch 170 britische Jäger. Trotzdem Bomben auf Middle Wallop. Bomben durch Zielirrtum auch auf den Londoner Flugplatz Croydon. Auch West Malling wird schwer getroffen. Deutsche Verluste: 55 Flugzeuge. 111 englische Jäger werden als vernichtet gemeldet.

16. 8.

West Malling wird von KG 76 (Do 17) erneut schwer getroffen. Ju 87 und Ju 88 greifen den Jägerleit-Flughafen Tangmere an. Eine dichte Wolkendecke verhindert den Angriff auf die Jägerplätze Debden, Duxford, North Weald und Hornchurch.

18. 8.

KG 76 bombt Kenley und Biggin Hill. Vier Ju 87-Gruppen greifen weitere Plätze an. Spitfire und Hurricane schießen 30 Stukas ab.

19. 8.–30. 8.

Fortsetzung der Angriffe mit wechselndem Erfolg, aber ständig steigendem Verschleiß.

31. 8.

50 Fesselballons werden bei Dover abgeschossen. Verstärkte Angriffe auf britische Jägerplätze. Schwere Treffer auf Hornchurch und Biggin Hill. Änderung der deutschen Angriffstaktik. Es wird jetzt in Kampfgruppen von 15–20 Bombern angegriffen bei bis zu dreifachem Jagdschutz. 39 britische Jäger werden abgeschossen. Die Luftwaffe verliert 33 Maschinen.

Die Luftschlacht um England ist für die Briten in ein kritisches Stadium getreten. Seit dem 8. 8. verlor die Royal Airforce 1 115 Jagdflugzeuge und 92 Kampfflugzeuge. Die Luftwaffe verlor 254 Jagd- und 215 Kampfflugzeuge. Das Ziel, die Luftherrschaft über der Insel zu erreichen, ist greifbar nahe.

3. 9.

Zielwechsel auf Befehl Görings: London soll angegriffen werden.

5. 9.

68 Maschinen bombardieren Docks und Hafenanlagen in London.

7. 9.

625 Kampfflugzeuge, begleitet von 648 Jägern werfen Bomben auf London. Flächenbrände.

15. 9.

Weitere Angriffe der Kampfgeschwader gegen London, jedoch verstärkte, konzentrierte englische Jagdabwehr. Mehrfach sind 300 Spitfire und Hurricane in der Luft und stürzen sich auf die einfliegenden Geschwader. 56 deutsche Maschinen gehen verloren. Viele Flugzeuge sind schwer beschädigt.

16. 9.

Mit Störangriffen von kleineren Verbänden und Nachtangriffen auf London wird die Luftoffensive fortgesetzt. Nacht für Nacht sind 100–300 Bomber über London.

1. 10.–31. 10.

Jetzt auch Jagdbomberangriffe auf London.

12. 10.

Hitler bläst »Unternehmen Seelöwe« ab.

14. 11.

Erneuter Zielwechsel: Angriff auf englische Häfen und Industriestädte. Coventry wird von 500 to Spreng- und 30 to Brandbomben schwer getroffen. Im Verlauf der Monate November/Dezember nimmt die Wucht der Angriffe gegen England laufend ab. Die Luftschlacht um England geht zu Ende.

Im August 1940 flogen 4 779 Flugzeuge gegen England und warfen 4 636 to Bomben. Im September 1940 wurden 7.260 Einsätze geflogen und 6 615 to Bomben geworfen. Im Oktober 1940 wurden 9 911 Einsätze geflogen und 8 790 to Bomben geworfen. Die schwersten Angriffe auf London fanden in der Nacht vom 16. zum 17. November und vom 19. zum 20. November statt, wo 681 bzw. 712 Bomber angriffen. Im Frühjahr lebte die Kampftätigkeit der Luftwaffe über der britischen Insel wieder auf und erreichte zum Teil wieder beträchtliche Einsätze. Das Ziel der »Luftschlacht um England« aber war nicht erreicht.

The Air Battle for England – 1940

The following squadrons were ready for action on "Adlertag" (Eagle Day):

Airfleet 2 (Kesselring)
I Fliegerkorps (Grauert)
Bomber Squadron 1 (He 111)
Bomber Squadron 76 (Do 17 and Ju 88)
Bomber Squadron 77
II Fliegerkorps (Loerzer)
Bomber Squadron 2 (Do 17)
Bomber Squadron 3 (Do 17)
Bomber Squadron 53 (He 111)
II/Stuka Squadron 1 (Ju 87)
IV (St.)/Lehrgeschwader 1 (Ju 87)
Test group 210
(Me 109 and Me 110)
9 Fliegerdivision (Coeler)
Bomber Squadron 4 (He 111 und Ju 88)
I/Bomber Squadron 40
(Ju 88 and FW 200)
Fighter Group 100
(He 111 "Path Finder")
Jagdfliegerführer 2 (Osterkamp)
Fighter Squadron 3 (Me 109)
Fighter Squadron 26 (Me 109)
JG 51 (Me 109)
JG 52 (Me 109)
JG 54 (Me 109)
Airfleet 3 (Sperrle)
VIII Fliegerkorps (v. Richthofen)
Stuka Squadron 1 (Ju 87)
Stuka Squadron 2 (Ju 87)
Stuka Squadron 77 (Ju 87)

Fighter Squadron 27 (Me 109)
II (S.) Lehrgeschwader 2
V Fliegerkorps (v. Greim)
Bomber Squadron 51 (Ju 88)
Bomber Squadron 54 (Ju 88)
Bomber Squadron 55 (He 111)
IV Fliegerkorps (Pflugbeil)
Lehrgeschwader 1 (Ju 88)
Bomber Squadron 27 (He 111)
Stuka Squadron 3 (Ju 87)
K. Gr. 806 (Ju 88)
Jagdfliegerführer 3 (Junck)
Fighter Squadron 2 (Me 109)
Fighter Squadron 53 (Me 109)
Destroyer Squadron 2 (Me 110)
Airfleet 5 (Stumpff)
X Fliegerkorps (Geisler)
Bomber Squadron 26 (He 111)
Bomber Squadron 30 (Ju 88)
I/Destroyer Squadron 76 (Me 110)
I and II/JG 77 (Me 109)
Kü.Fl.Gr. 506 (He 115)

1–11 Aug. 1940

In the "Führerweisung No. 17" Hitler announces that the war against England by air and sea is to be intensified. Göring orders Airfleets 2 and 3 to attack British airports, radar stations and ground installations the next day thereby achieving control of the air quickly. The attack is postponed until 13 August due to bad weather. On 12 August sorties are flown against radar stations at Perensey, Rye and other locations. Although these installations are heavily damaged by the bombing they are operational again after a few hours. Manston Airfield is heavily damaged.

13 Aug. 1940

The planned attack is cancelled again due to bad weather. KG 2 (Col. J. Fink) is the only unit that gets into the air as the counterorder does not reach the squadron in time. Bombs are dropped over Eastchurch. The German unit is attacked by Spitfire's and Hurricane's during the return flight without fighter escort. Four aircraft are shot down. The Me 110 Destroyer Planes engage in many dogfights with British fighter planes and prove inferior. The low cloud cover hides the British airfields preventing the Stuka Squadrons from locating them. The aircraft have to return with their bomb loads. British fighter planes cause high losses. Then, the German squadrons attack the airfields at Dething, Andover, Middle Wallop and other target areas. About 1000 fighter craft and 485 bombers and Stukas flew sorties against England on the first day of the battle. Thirty-four German aircraft were lost.

14 Aug 1940

No major flying operations take place due to bad weather. A raid is flown against Manston Airfield.

15 Aug. 1940

Stuka groups attack airfields at Lympne and Hawkinge. KG 26 and KG 30 with 120 bombers (He 111's and Ju 88's) are transferred from Norway (Stavanger) and Denmark (Aalborg). Twenty-one Me 110's are to give them support during their 700 km flight. However, the two German squadrons are attacked by five British fighter squadrons of Spitfire's and Hurricane's and suffer high losses. In the afternoon three groups of Do 17's fly raids against airports and factories south of the Thames river. The Destroyer Group 210 bombs the airfield at Martlesham. KG 3 strikes Eastchurch and Rochester again. Then, three hours later, Airfleet 3 (Sperrle) while flying sorties is heavily attacked by 170 British fighter planes. Nevertheless, bombs are dropped over Middle Wallop and the airport of London (Croydon). Also, West Malling is heavily bombed. The Luftwaffe loses fifty-five aircraft. The enemy reports 111 fighter planes destroyed.

16 Aug. 1940

Again, West Malling is attacked by KG 76 (Do 17). Ju 87's and Ju 88's strike the fighter airfield at Tangmere. Raids on the fighter airfields of Debden, Duxford, North Weald and Hornchurch cannot take place because of the heavy cloud cover.

18 Aug. 1940

KG 76 bombs Kenley and Biggin Hill. Four groups of Ju 87's attack other airports. Spitfire's and Hurricane's destroy thirty Stukas in the air.

19–30 Aug. 1940

The attacks are continued. Losses on both sides rise.

31 Aug. 1940

Fifty barrage balloons are shot down near Dover. Concentrated raids are flown against British fighter airfields. Hornchurch and Biggin Hill receive hits. The tactics of the Luftwaffe are changed: Air Force units have fifteen to twenty bombers and a fighter escort of nearly sixty planes. Thirty-nine British fighters are shot down. The Luftwaffe loses thirty-three aircraft. The Air Battle for England has reached a critical point for the British. Since 8 August, the Royal Air Force lost 1,115 fighter airplanes and ninety-two bombers. The Luftwaffe lost 254 fighter planes and 215 bombers. The Germans have almost succeeded in achieving control of the air over England.

3 Sept. 1940

Göring orders the target to be changed: London is to be attacked.

5 Sept. 1940

Sixty-eight aircraft bomb the docks and harbor installations of London.

7 Sept. 1940

London is struck by 625 bombers that are escorted by 648 fighter planes. Extensive damage results.

15 Sept. 1940

Fighter groups make raids against London and are repelled by a concentrated British fighter defense. Often, there are 300 Spitfire's and Hurricane's in the air to engage the approaching German squadrons. Fifty-six German aircraft are lost. Many planes are heavily damaged.

16 Sept. 1940

The air offensive against London is continued with harassing raids and night attacks by small units.

1–31 Oct. 1940

Night after night 100 to 300 bombers fly sorties over London. Now Jabo's are put into action.

12 Oct. 1940

Hitler breaks off "Operation Seelöwe".

14 Nov. 1940

Again the target is changed: Assaults are made von English harbors and industrial cities. Coventry is hit by 500 tons of high-explosive and incendiary bombs. During the months of November and December the raids against England are progressively reduced. The Air Battle for England has ended.

In August 1940, 4,779 German aircraft dropped 4,636 tons of bombs over England. In September 1940, 7,260 sorties were flown and 6,615 tons of bombs were dropped. In October 1940, the raids reached a total of 9,911 and 8,790 tons of bombs were released. The heaviest assaults on London took place on the night of 16–17 and 19–20 November 1940 when 712 bombers attacked the city. During Spring 1941 the combat action over England was resumed and major operations took place. However, the goal of the Air Battle for England was not achieved.

Vor dem »Adlertag«, dem Beginn der Luftoffensive gegen England, besucht der Oberbefehlshaber der Luftwaffe, Reichsmarschall Göring, die entlang der Kanalküste und in Nordfrankreich bereitstehenden Geschwader.

The High Commander of the Luftwaffe, Reichsmarschall Hermann Göring, inspects the squadrons before "Adlertag" (eagle day), the beginning of the Air Battle for England.

Während der ersten Angriffstage gegen die Britische Insel leitet Göring von seinem Sonderzug aus teilweise selbst die Angriffsflüge der LW-Verbände.

During the first days of the battle, Göring directs the attacks from his special train.

In diesen Tagen kommt das Baumuster Ju 88, ein Horizontal- und Sturzbomber erstmals in größerer Anzahl zum Einsatz. Besatzungen des KG 51 vor einer Ju 88A-1.

A new type of war plane, the Ju 88. A bomber for high level and dive bombing purposes.

Anfänglich werden auch die Stuka-Verbände noch in den Kampf geworfen, bis durch die schweren Verluste gerade der Stuka-Gruppen die Zahl der flugbereiten Maschinen immer mehr zusammenschrumpft. Ein Waffenwart füllt Munition für das linke Flächen-MG einer Ju 87B nach.
Rounds are loaded for the 7.9 mm machine gun of a Ju 87.

Kaum vom England-Flug zurück, wird eine He 111H des KG 53 für einen erneuten Feindflug betankt.
A He 111 of KG 53 is refueled for a new sortie.

◁ Ebenfalls im ständigen Einsatz sind die Do 17Z des KG 2, von denen hier eine mit kleinkalibrigen Bomben beladen wird.
A Do 17 of KG 2 is loaded with light weight bombs.

Der richtige Öldruck in den Fahrwerkbeinen ist mit entscheidend für den einwandfreien Start der mit Bomben und Treibstoff schwer beladenen Kampfflugzeuge.
A proper take-off depends on the right oil pressure in the landing gear of the heavily loaded bombers.

Als Jagdschutz für die angreifenden Kampfverbände steht u. a. das JG 27 zur Verfügung. Eine Bf 109E-3 der 3./JG 27 während der Startvorbereitungen.

A Me 109 of 3/JG 27 is prepared for action.

Nach der Zieleinweisung geht es im Laufschritt an die Flugzeuge deren Motore bereits von den Warten abgebremst worden sind.

The crews rush from the briefing rooms to their prepared planes.
▽

Nach dem Sammeln ziehen die einzelnen Geschwader staffelweise über den Kanal. He 111H des KG 55 im Formationsflug beim Überfliegen der französischen Küste.

He 111's in formation over the French coast.
▽

Ein Blick durch die Bug-Verglasung auf die voranfliegende He 111 der eigenen Staffel.
View through the bombardier station of a He 111 on the leading bomber.

Als Reichweiten-Jagdschutz werden den Kampfeinheiten Zerstörerstaffeln, mit Bf 110D ausgerüstet, mitgegeben.
The Me 110 is used as a long distance support fighter.

Do 17Z des KG 2 im Angriffsflug gegen Ziele im südenglischen Raum, am 13. August 1940.
Do 17's of KG 2 during a flight against targets in southern England on 13 August 1940.

Der enge Verbandsflug, zum Schutz gegen gegnerische Jägerangriffe eine halbe Lebensversicherung, erfordert von den Besatzungen äußerste Konzentration.
The close formation flight for better defense requires skillful flying ability by the crews.

Blick auf die der französischen Küste vorgelagerten Kanalinsel Jersey, die von deutschen Truppen besetzt wurde.
View of Jersey Island in the English Channel. Jersey was occupied by the Germans.

Begleitende Jäger Bf 109E vor der englischen Steilküste bei Dover.
Me 109 support fighters over the English coast of Dover.

Kaum ist der Küstenstreifen überflogen, stürzen sich auch schon die ersten »Spitfires« und »Hurricanes« auf den Kampfverband. Der Bordschütze einer He 111 am MG auf Fensterlafette.

The gunner on the port side rear of the fuselage of an He 111.

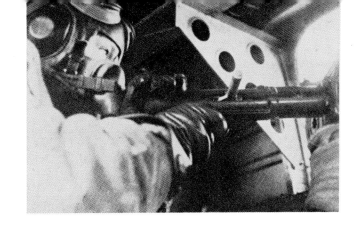

Ein »Spitfire«-Pilot hat sich beim Anflug verschätzt und taucht unversehens mit seiner Maschine vor dem Bug einer He 111 auf.

The pilot of a Spitfire on a collision course with an He 111.

Unter einer Do 17Z kurvt eine »Spitfire« zu neuem Anflug ein. Den Bordschützen bleibt in diesen Sekunden-Bruchteilen nur Zeit für eine MG-Streugarbe; ein gezieltes Schießen ist bei solch geringen Entfernungen auf kurvende Jäger fast unmöglich.

A Spitfire begins an attack on a Do 17.

Die Begleitjäger versuchen die angreifenden Jäger vom Verband abzudrängen, es entwickelt sich eine wilde Kurbelei.

Support fighters try to protect the bombers.

Zwei »Spitfires« brechen ihren Anflug auf eine Do 17Z ab, als eine Bf 109 (im Hintergrund) zum Gegenangriff einkurvt.

Two Spitfires break off their attack against a Do 17 as an Me 109 counterattacks.

Über der geschlossenen Wolkendecke stößt ein gegnerisches Jagdflugzeug von vorn auf eine Kampfstaffel...

An enemy fighter closes on a spuadron of bombers...

◁ ... wird jedoch sogleich von einer Begleit-109 »gewickelt«.
... however, he is repelled immediately by a German support fighter, Me 109.

△
Eine »Hurricane« im Geschoßhagel einer Bf 109. Unter der rechten Tragfläche die hellen Punkte der Glimmspur-Geschosse, im Rumpf schlagen die ersten Treffer ein.
A Hurricane receives a hail of tracer bullets from an Me 109.

◁ Die Begleitjäger Bf 110 haben sich ihrer eigenen Haut zu erwehren und fliegen Karussell.
The Me 110's have found an effective way of defending against superior enemy fighters: they fly in a circle.

◁ Die ersten Reihenwürfe auf einen englischen Jägerplatz durch die aufgerissene Bewölkung.
The first bombs are tumbling down on a British airfield.

Im Alarmstart versuchen »Spitfires« die Angreifer wenigstens noch auf dem Rückflug abzufangen.
In a scramble, Spitfires try to intercept the German bombers during their return flight.
▽

Eine gerade anrollende »Spit« geht während des Bombenangriffes auf die »Schnauze«. ▷
During a raid a Spitfire is destroyed while taking off.

Mit der Robot schießt der MG-Schütze in der Bodenwanne einer He 111 das Bild der Einschläge auf einem englischen Flugplatz.

A belly gunner takes a picture from his guncupola of bombs exploding on a British airfield.

Ausgebrannte Öltanks in der Nähe Londons aus einer tieffliegenden Bf 110 aufgenommen.

Burned out oil tanks near London, as photographed by a lowflying Me 110.

◁ Reihenwurf einer He 111-Kette auf den Flugplatz Rochester. Die Einschläge liegen exakt zwischen Hallen und Werftanlagen.

Hangars and service installations at the airport of Rochester are bombed by He 111's.

◁ Mit angeschossenem linken Motor und stehender »Latte« versucht eine He 111 des KG 53 noch die französische Küste zu erreichen...

An He 111 attempts to reach the safety of the French coast although the left-wing engine is damaged...

...schafft es jedoch nur bis zum seichten Küstenstreifen vor Boulogne.

...and is merely able to get to the shallow waters near Boulogne.

▽

△
»Au Backe, die Kurbelei hätte in's Auge gehen können!« meint dieser Oberleutnant nach der Landung.
A lucky Lieutenant after a dogfight.

△
Die Anstrengungen des Luftkampfes spiegeln sich im Gesicht von Oberstltn. Galland, nach der Rückkehr von einem Feindflug.
The exhausting dogfights still mark the face of Lt.Col. Galland after the flight.

Ein Splitter der zerschossenen Kabinenverglasung hat diesem ▷ Leutnant die rechte Wange aufgerissen.
A Lieutenant is injured by a fragment.

◁ Eine MG-Garbe ist dieser Do 17Z der 1./KG 2 in den Rumpf geprasselt; in der Regel blieben die Flugzeuge bei einer solchen Trefferlage manövrier- und flugfähig.
A burst of fire struck the fuselage of this Do 17.

Ein Flaktreffer im Höhenleitwerk einer Ju 88 blockierte das gesamte Höhensteuer; das Flugzeug war nur durch Umtrimmen in der Luft zu halten und nach Hause zu bringen.
A direct hit from an antiaircraft gun damaged the rudder mechanism of a Ju 88.
▽

Viele der in »den Bach« gefallenen englischen und deutschen Flieger konnten sich im Schlauchboot so lange über Wasser halten, bis von Seenotflugzeugen oder Fahrzeugen der Kriegsmarine Rettung kam.

The crew of an aircraft, that was shot down over the English Channel, is rescued from a raft.
▽

△
Kleinere Beschußschäden sind mit Werftmitteln schnell behoben, das Flugzeug ist bald wieder flugbereit.

Minor damages can be repaired by the ground crew.

△
Motorenwechsel bei einer angeschossenen Bf 109E. Das Personal der Platzwerften ist, um eine möglichst große Anzahl von Maschinen einsatzklar zu haben, während dieser Monate Tag und Nacht an der Arbeit.

An engine is replaced in a damaged Me 109.

Noch während des August 1940 werden die Stuka-Gruppen mit Ju 87 wegen der untragbaren Verluste endgültig aus dem Einsatz genommen.

The vulnerable Stuka, Ju 87, is withdrawn from the aerial warfare over England in August 1940.

▽

△
Anlegen der Schwimmwesten zur Sitzbereitschaft eines Jägerschwarmes. Angeschossenen, heimkehrenden Maschinen werden oft Jäger zum Schutz gegen verfolgende englische Jagdflugzeuge entgegengeschickt.
Pilots of a fighter squadron put on their life jackets.

△
Oblt. Schöpfel (Nachfolger Gallands beim JG 26), Oberstltn. Galland und Hptm. Müncheberg auf einem Feldflugplatz am Kanal.

Three air aces of the German Luftwaffe: Lt.Col. Galland, Capt. Müncheberg, and 1st Lt. Schöpfel, on an airfield near the English Channel.

◁ Lagebesprechung bei Reichsmarschall Göring mit Kommandeuren der Luftflotten und Fliegerkorps. Von l. n. r.: Grauert, Kesselring, Lörzer (Hintergrund), Göring, Pflugbeil.

The commanders of the Luftwaffe report the situation of the air war to Reichsmarschall Hermann Göring. The picture shows from left to right: Grauert, Kesselring, Lörzer (background), Göring, Pflugbeil.

Auf den Liegeplätzen, bei ihren Flugzeugen ▷ warten die Besatzungen auf den nächsten Einsatz.
The crews are in readiness for the next mission.

△ Immer wieder werden die bereits stark dezimierten Verbände in aufreibenden Tagesangriffen gegen England geschickt. Do 17Z vom KG 76 vor der Küste der Insel Guernsey.
Do 17's of KG 76 over the island of Guernsey.

Aus dem B-Stand einer He 111H aufgenommen: eine höher gestaffelte Schwestermaschine des Verbandes. ▷
View from the Gunner's position in the open dorsal of an He 111.

◁ Bf 109E bei »freier Jagd« vor der englischen Küste. Im Hintergrund Sendemasten des britischen Jägerleitsystems.
Me 109's in pursuit over the English coastline.

◁ Mit wenig optimistischen Mienen verfolgen Gen. d. Fl. Kesselring, Reichsm. Göring und Generallt. Loerzer auf dem Gefechtsstand bei Cap Blanc Nez eingehende Verlustmeldungen der Kampfverbände nach einem Tagesangriff auf Ziele in England.

On the command post near Cap Blanc Nez, Air Force General Kesselring, High Commander of the Luftwaffe Göring and Gen.Lt. Loerzer receive casualty reports of combat units after a daylight attack on targets in England.

Ständig treffen neue Mitteilungen über den Stand der Angriffsflüge ein.
Reports on the success of the air raids arrive continuously. ▷

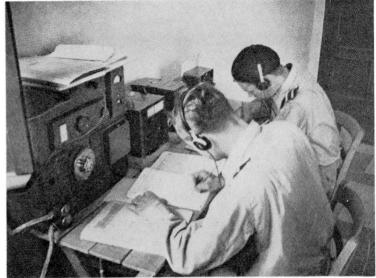

Trotz der schweren Verluste werden die Einsätze im rollenden Angriff geflogen.
In spite of the heavy losses, non-stop sorties are flown.
▽

Eine zeitlang haben die Bomber- und Jägerpiloten den Eindruck ...
For a while, the German bomber and fighter pilots assume ...

... als seien die britischen Jäger niedergekämpft und die Luftherrschaft über der Insel errungen.
... that they have defeated the British fighters and gained control of the air over the island.

Doch dann steigen die Verluste wieder sprunghaft an. Der Zerstörer Bf 110 wird wegen seiner Unbrauchbarkeit für Geleitschutzaufgaben zum Schnellkampfflugzeug umfunktioniert.

As losses rise again, the Me 110 (destroyer plane) previously in ation as convoy escort, is used as a light bomber.

△
Ab September 1940 beginnen wegen der schweren Verluste bei Tageseinsätzen bereits die ersten Nachtangriffe. Einweisung von Kampffliegerbesatzungen in Vendeville.
Briefing the crews of bomber plane units on Vendeville Airbase.

Noch ein paar Handgriffe am Jumo 211 einer He 111 des KG 53 vor dem Nachtstart.
Final maintenance work on a Jumo 211 engine of an He 111 (KG 53) before a night flight.
▽

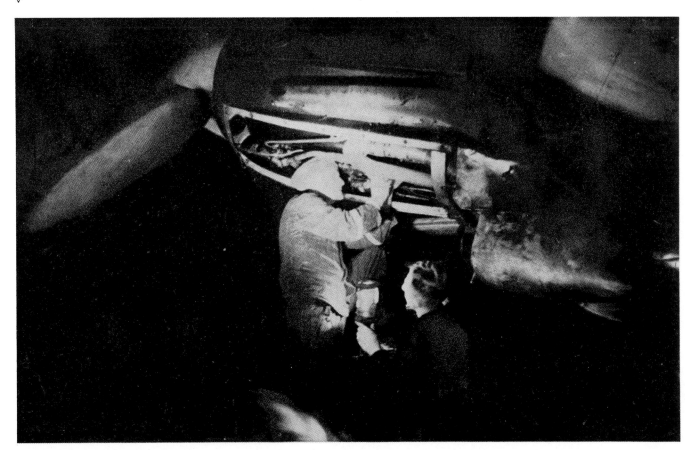

In der Abenddämmerung geben die Kommandanten letzte Instruktionen an ihre Besatzungsmitglieder.

The pilots give the last orders to their crews before take off at nightfall.

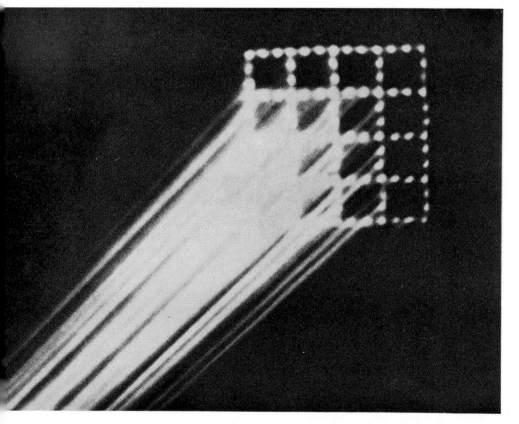

Englische Scheinwerfersperre in Planquadrat-Form, die es ermöglichen sollte, den Kurs durchfliegender Feindmaschinen zu erkennen. Solche Sperr-Riegel haben sich nicht bewährt.

A British searchlight barrier.

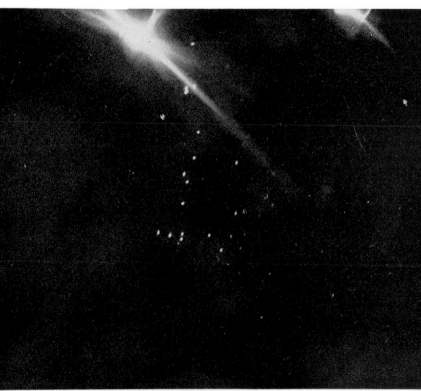

◁ Von Pfadfinderflugzeugen der KGr. 100 werden beim Angriff auf Coventry die ersten Zielmarkierer gesetzt.
Pathfinder planes of KG 100 mark the targets over Coventry.

Aufflackernde Brände kennzeichnen die Einschläge von Brandbomben während der Bombardierung Coventrys in der Nacht vom 14./15. November 1940.
The bombing of Coventry during the night of 14–15 November 1940.
▽

Brennend abstürzende He 111 im Lichtkegel zweier Scheinwerfer.
A burning He 111 in the beams of two searchlights.
▽

Sprengpunkte schwerer Flak, die sich auf andere, von Scheinwerfern erfaßte Maschinen einschießt.
Explosions from shells of heavy antiaircraft gun batteries.

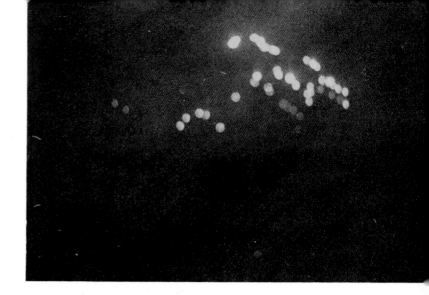

Trotz der relativ geringen abgeworfenen Bombenlasten entstanden in vielen südenglischen Städten, wie hier in Southampton, schwere Gebäudeschäden.
The city of Southampton devastated by bombs.

Brände in Lagerhäusern des Londoner Hafengebietes werden von Feuerlöschbooten aus bekämpft.
Burning warehouses in the harbor of London. Fireboats attempt to extinguish the flames.

◁ Ein im Spätsommer 1940 für die Londoner fast alltägliches Bild. Kondensstreifen deutscher Bomber, die von englischen Jagdflugzeugen angegriffen werden.
German bomber/fighter planes over London.

Zielbild von London mit dem brennenden Hafenviertel, aufgenommen von einem Fernaufklärer der 1. (F)/122.
Burning sections of the harbor of London as photographed by a long distance reconnaissance plane of 1(F)/122.
▽

Erste Hilfe für den verwundeten Flugzeugführer noch während des Rückfluges.
A wounded pilot receives first aid during the return flight.
◁

Nach Tarnung der Flugzeuge mit einem Nachtsichtschutzanstrich, werden künftig meist nur schwache Angriffe gegen Ziele in England, fast nur noch bei Nacht geflogen. Die Schlacht um England hat nicht die erhoffte Luftüberlegenheit und Zerstörung der Industriezentren gebracht.
A bomber plane in night camouflage.
▽

Der Krieg auf dem Balkan und der Kampf um Kreta 1941

28. 10. 1940
Angriff italienischer Truppen auf Griechenland.

29. 10.
Englische Truppen besetzen Kreta – die Schlüsselstellung im östlichen Mittelmeer.

4. 11.
Hitler ordnet eine militärische Operation zur Entlastung der Italiener an.

7. 3. 1941
Britische Truppen landen in Griechenland.

27. 3.
Militärputsch in Griechenland.

5. 4.
Abschluß eines Freundschaftspaktes zwischen Jugoslawien und der Sowjetunion.

6. 4.
Deutscher Luftangriff auf Belgrad.

6. 4.–16. 4.
Einmarsch deutscher Truppen in Jugoslawien und Besetzung des Landes nach Kampf. Die Luftwaffe nimmt am Feldzug auf dem Balkan mit 210 Jägern, 400 Bombern und 170 Aufklärern, Transport-Flugzeugen und weiteren Maschinen teil.

17. 4.
Kapitulation der jugoslawischen Armee (344 000 Gefangene).

6. 4.–27. 4.
Durchbruch durch die Metaxas-Linie und deutscher Angriff auf Griechenland.

21. 4.
Unterzeichnung der griechischen Kapitulation.

24. 4.
Durchbruch durch die britische Auffangstellung am Thermophylen-Paß. Die Briten schiffen sich ein (50 000 Mann) und verlassen Griechenland.

27. 4.
Besetzung Athens.

20. 5.–1. 6.
Luftlandung auf der Insel Kreta. »Unternehmen Merkur«. Es werden eingesetzt: XI. Fliegerkorps (Generalleutnant Student) mit 7. Flieger-Division (13 000 Mann) und 5. Gebirgs-Division (9 000 Mann).

14. 5.
Die Fallschirmjäger und Sturmtruppen sind auf den Flugplätzen im Raum Athen eingetroffen. Absprunghäfen für die Transportmaschinen sind Topolia Tanagra, Dadion, Megara und Korinth.

20. 5.
Start der ersten Ju 52 mit Fallschirmspringern und 53 Lastensegler um 4.30 Uhr (1. Welle). 7.05 Uhr greifen Do 17 (KG 2), He 111 (II./KG 26), Stukageschwader 2, Jagdgeschwader 77 und Zerstörergeschwader 26 auf Kreta den Flugplatz Malemes und die beherrschende Höhe 107 an.
7.15 Uhr landen die ersten Lastensegler neben Höhe 107. Schwere Abwehr durch 5.Neuseeländische Brigade. Der Angriff der Sturmgruppen läuft sich fest. 7.20 Uhr Absprung der Fallschirmjäger des Sturmregiments unter Generalmajor Meindl. Viele Fallschirmjäger werden von der britischen Abwehr bereits in der Luft getroffen. Schwere Verluste. Im heftigen Feuer bleibt der Angriff des III. Bataillons liegen. Von 600 Fallschirmjägern finden 400 den Tod. II. und IV. Bataillon springen im Westen des Flugplatzes Malemes ab. 7.30 Uhr landen weitere neun Lastensegler. Nur langsam dringen die Verbände gegen das Rollfeld vor. Der Widerstand der Briten versteift sich. Weitere Absprünge bei Chania (Gruppe Mitte). Auch hier schlägt der Angriff gegen die wütende Abwehr nicht durch. Jetzt greifen auch britische Panzer in den Kampf ein. 13.00 Uhr Abflug der 2. Welle und Absprung der Fallschirmjäger bei Rethymnon und Iraklion. Auch hier rasende Abwehr durch australische und britische Truppen. Am Abend gelingt es, Höhe 107 zu nehmen.

21. 5.
Ju 52 setzen am Strand westlich Malemes auf. Hohe Verluste unter den landenden Soldaten des Gebirgs-Regiments 100 (Oberst Utz) und den Transportmaschinen.

22. 5.
14 britische Kreuzer und Zerstörer unter Admiral Cunningham liegen vor der Nordküste Kretas und zerschlagen den Versuch, Transportschiffe mit Nachschub und Truppen auf dem Seeweg nach Kreta zu bringen. Ju 87 greifen die britischen Kreuzer an und erzielen Treffer. 8.30 Uhr greift I./LG 1 die Kreuzer »Perth« und »Naiad« und Zerstörer an. Es werden schwere Treffer erzielt. Zerstörer »Juno« sinkt. Schlachtschiff »Warspite« erhält Bombentreffer. Weitere Angriffe auf britische Kriegsschiffe durch KG 2, I. und II./LG 1 (Ju 88), II./KG 26 (He 111), Stukageschwader 2, Zerstörergeschwader 26 und Jagdgeschwader 77. Der britische Zerstörer »Greyhound« sinkt, Kreuzer »Gloucester« explodiert nach Bombentreffer. Eine Bf 109 trifft mit 250 kg-Bombe den Kreuzer »Fiji«, der 19.15 Uhr nach weiteren Treffern kentert. Stukas (I./StG 2) versenken die Zerstörer »Kelly« und »Kashmir«. Inzwischen landet die 5. Gebirgs-Division und greift in den Kampf ein.

23. 5.–26. 5.
Der Angriff der Sturmgruppen, Fallschirmjäger und Gebirgsjäger dringt langsam weiter vor.

28. 5.–1. 6.
Die britischen Truppen verlassen Kreta.
26. 5.
Stukas treffen den Flugzeugträger »Formidable« schwer.
29. 5.
Die Zerstörer »Imperial« und »Hereward« werden versenkt.
1. 6.
Der Flak-Kreuzer »Calcutta« wird getroffen und versenkt.
Die Eroberung Kretas wurde mit 6 500 Gefallenen, Vermißten und Verwundeten erkauft.
271 Ju 52 gingen verloren.
Die alliierten Truppen verloren 5 000 Mann.

The War in the Balkans and the Battle for Crete – 1941

28 Oct 1940
Italian troops attack Greece.
29 Oct 1940
British troops move into Crete – the key position in the eastern Mediterranean.
4 Nov 1940
Hitler orders a military operation to support the Italians.
7 March 1941
British troops land in Greece.
27 March 1941
A military uprising takes place in Greece.
5 April 1941
Yugoslavia and the Soviet Union sign a friendship treaty.
6 April 1941
A German air raid on Belgrade is made.
6–16 April 1941
German troops enter Yugoslavia and occupy the country after heavy fighting. The Luftwaffe takes part in the campaign with 210 fighter planes, 400 bombers, 170 reconnaissance and transport planes and other aircraft.
17 April 1941
The army of Yugoslavia capitulates; 344,000 prisoners are taken.
6–27 April 1941
The Germans break through the Metaxas Line and attack Greece.
21 April 1941
A Greek surrender agreement is signed.
24 April 1941
German troops break through the British lines at Thermopylae Pass. The British embark 50,000 men and leave Greece.
27 April 1941
Athens is taken.
20 May–1 June 1941
German airborne troops start »Operation Merkur« on Crete. The following units take part in the operation: XI Fliegerkorps (Gen. Lt. Student) with 7 Flieger-Division (13,000 men) and 5 Gebirgs-Division (Mountain Division, 9000 men).

14 May 1941
Parachutists arrive at airfields around Athens. (Topolia Tanagra, Dadion, Megara and Korinth airfields).
20 May 1941
Fifty-three troop gliders and the first Ju 52's with parachutists take-off at 0430 hours (»First Wave«). Do 17's (KG 2), He 111's (II/KG 26), Stuka Squadron 2, Fighter Squadron 77 and Destroyer Squadron 26 attack Malemes Airfield on Crete and the important Hill 107 at 0705 hours. The first troop gliders land at Hill 107 at 0715 hours. They are repelled by the 5th New Zealand Brigade. The German storm troopers are halted. At 0720 hours, parachutists of the Storm Trooper Regiment (Maj.Gen. Meindl) are dropped. Many of them are shot in the air. The assault of the III Battalion is stopped by heavy British defensive fire resulting in high losses – 400 of the 600 soldiers committed are killed. II and IV Battalion jump to the west of Malemes Airfield. Nine other troop gliders land at 0730 hours. The units advance slowly toward the landing strip due to the strong British resistance. Other parachute jumps are made near Chania (Center Group). Here, also, the units are not successful against the British defense. Now, British tanks take part in the fights. At 1300 hours the "Second Wave" starts and parachutists are dropped at Rethymnon and Iraklion. They are engaged in heavy fighting with Australian and British troops. Finally, by evening, the Germans succeed in occupying Hill 107.
21 May 1941
Ju 52's go down on the shore west of Malemes. The landing soldiers of Mountain Regiment 100 (Col. Utz) suffer high losses. Many transport aircraft are destroyed.
22 May 1941
Fourteen British cruisers and destroyers under Admiral Cunningham anchor before the northern coast of Crete. They prevent the German attempt to land troop and supply ships on Crete. Ju 87's attack the British cruisers. I/LG 1 strikes the cruisers, Perth and Naiad, and destroyers at 0830 hours and causes severe damage. The British destroyer Juno sinks. The battleship Warspite receives direct hits by bombs. Other raids on British war ships are flown by KG 2, I and II/LG 1 (Ju 88), II/KG 26 (He 111), Stuka Squadron 2, Destroyer Squadron 26 and Fighter Squadron 77. The British destroyer Greyhound sinks. The cruiser Gloucester explodes due to direct bomb hits. An Me 109 strikes the cruiser Fiji with a 250 kg (550 lb) bomb. Then, the cruiser receives other hits and overturns at 1915 hours. Stuka's (I/StG 2) sink the destroyers Kelly and Kashmir. In the meantime, the 5th Mountain Division has landed and engages in the battle.
23–26 May 1941
The storm troopers, parachutists and mountain infantry advance slowly.
28 May–1 June 1941
The British troops leave Crete.
26 May 1941
The aircraft carrier Formidable is heavily damaged by dive bombing.

29 May 1941
The destroyers Imperial and Hereward are sunk.

1 June 1941
The antiaircraft cruiser Calcutta is hit and sinks. The Germans suffered 6,500 killed, missing and wounded soldiers in the conquest of Crete. Two hundred seventy-one Ju 52's were lost. The Allied troops had a total of 5,000 casualties.

△ Stuka- und Kampfverbände eröffnen mit einem Angriff auf militärische Ziele in Belgrad am 6. 4. 1941 den Feldzug gegen Jugoslawien. Ju 87 B im Anflug.
Ju 87 Stuka's on their flight to Belgrade.

◁ Bombentreffer im Belgrader Bahnhofsgelände an der Save-Schleife.
Bombs exploding on the rail yard at Belgrade.

△
Ju 87B der I./St.G.76 bei der Landung zwischen Bf 109F des Jagdgeschwaders 77.

Ju 87 Stuka's of I/StG 76 landing among Me 109's of Fighter Squadron 77.

Vom Angriff zurückgekehrte Kampfflugzeuge Do 17Z werden ▷ auf einem provisorischen Feldflugplatz nachgetankt.

Do 17 bombers are fueled at an advanced airfield after a sortie.

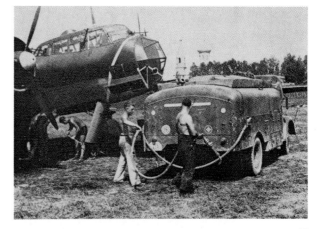

◁ Die Angriffe der ersten Tage gelten den Flugplätzen der jugoslawischen Fliegerverbände. Die Luftherrschaft ist während dieses Unternehmens nie gefährdet.

The air raids in the Balkans are concentrated on airfields in Yugoslavia during the first days of the campaign.

Über die Donau kehren Stukas Ju 87B von einem Feindflug auf ihren Absprunghafen in Rumänien zurück.

Ju 87 Stuka's are crossing the Danube river on their return from a sortie.
▽

△ Mitten zwischen zerstörten jugoslawischen Flugzeugen liegen die Abstellplätze auf einem eroberten Flugplatz bei Kragujewac.
Destroyed enemy aircraft on an airfield near Kragujewac occupied by the Luftwaffe.

Enge Zusammenarbeit der Aufklärungsstaffeln und Heereseinheiten ▷ beim Durchbruch durch die Metaxas-Linie. Eine Fw 189 als Artilleriebeobachter.
An FW 189 used for observing artillery fire.

◁ Im direkten Beschuß bekämpft eine 8,8 cm Flak Widerstandsnester an der Durchbruchstelle.
An 88 mm antiaircraft gun striking enemy strongholds with direct fire.

Do 17Z des KG 2 beim Paradeflug über Athen, nach der Kapitulation Griechenlands.
Do 17 bombers of KG 2 fly over Athens after the capitulation of Greece.
▽

△
Vor der Besetzung des Isthmus von Korinth durch Luftlandetruppen fliegen Do 17Z des KG 2 Angriffe gegen die Abwehrbatterien in diesem Gebiet.
Do 17 bombers of KG 2 attack antiaircraft gun emplacements to prepare the Isthmus of Korinth for airborne landings.

Der tief eingeschnittene Kanal von Korinth wird am 26. 4. 1941 von Fallschirmtruppen überraschend besetzt, und damit der Übergang zum Peleponnes für die im Anmarsch befindlichen Heeresverbände offen gehalten.

The canal of Korinth is seized by German parachutists on 26 April 1941.

Anhand von Luftaufnahmen werden die Vorbereitungen für das Unternehmen »Merkur«, die Besetzung der Insel Kreta getroffen.

Preparations are made for "Operation Merkur", the conquest of Crete, using aerial photos.

Auf den Fallschirmjägerschulen im Reich wurde die Spezialtruppe für ihre Sprungeinsätze ausgebildet.

The German parachutists are prepared for their mission at special training bases.

Große Treibstoffreserven müssen für die geplanten, laufenden Überflüge der Transporter zur Insel Kreta herbeigeschafft und gelagert werden.

Large fuel dumps are required for executing the planned operation.

◁ Am 20. Mai 1941 gehen die Springer an Bord der Ju 52, um über Kreta abgesetzt zu werden.

The parachutists board the Ju 52's for the planned airborne landing on the island of Crete on 20 May 1941.

Weit auseinandergezogen ziehen Maschinen des KGzbV 172 über das Mittelmeer, Kurs Kreta. ▷

An their way to Crete – transport aircraft of KGzbV 172 in open formation.

◁ In den Maschinen konzentrieren sich die Fallschirmjäger auf den bevorstehenden Sprungeinsatz. Viele von ihnen werden das Festland nie wieder sehen.

Large numbers of parachutists were crowded onto the transport planes.

◁ Vor dem Sprung wird die Reißleine in ein unter der Decke des Flugzeuges laufendes Drahtseil eingehakt.

The static line is hooked to a cable before the jump.

In kurzen Abständen verlassen die Springer durch die Seitentür die Absetzmaschine.

Quickly, one parachutist follows the other through the door. ▷

◁ In dichten Reihen pendeln die Fallschirmjäger aus einer Sprunghöhe von etwa 100 m dem Boden zu.

The parachutists are tumbling to the ground in rapid sequence.

Noch in der Luft werden die Springer aus Stellungen rund um den Absetzpunkt Malemes von den Engländern mit Infanteriewaffen beschossen.
Still in the air, some of the parachutists are shot by the British infantry using small arms.

◁ An mehreren aneinandergekoppelten Fallschirmen werden leichte Infanteriegeschütze und Munition abgeworfen.

Light infantry guns and ammunition are dropped using a cluster of several parachutes.

Im Nu ist ein abgeworfener Granatwerfer (8 cm) zusammengebaut, und zur Bekämpfung der englischen Stellungen feuerbereit.

A mortar (80 mm) is put into action after being hastily assembled.
▽

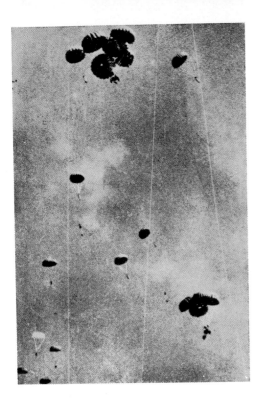

Übersichtskarte der Absetzoperationen im Gebiet um den Flugplatz Malemes.

Map showing the area of the airborne action around Malemes Airfield.
▽

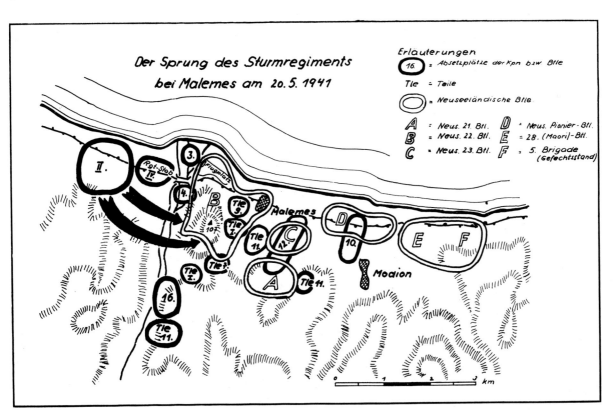

Auf dem kleinen Flugfeld von Malemes sollen die Verstärkungen für die dezimierten Fallschirmjägereinheiten gelandet werden.

The small, but very important, airfield of Malemes where reinforcements are supposed to land.

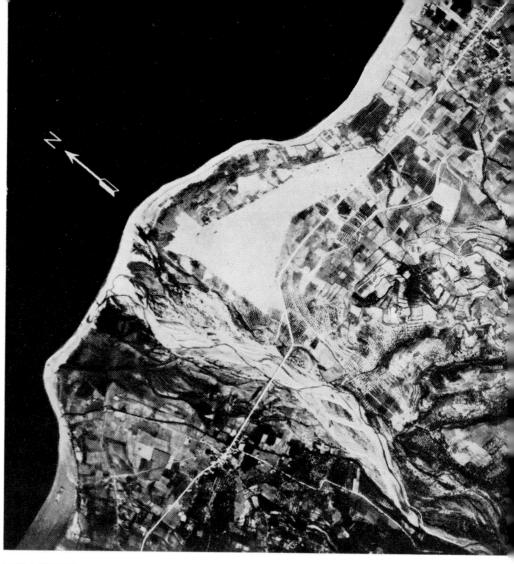

Auf den Flugplätzen des Festlandes warten Gebirgsjäger auf ihre Verladung in die unermüdlich im Einsatz befindlichen Ju 52.

At mainland airfields mountain infantry wait to board their Ju 52 transport aircraft, which are in continual operation.

Der Flugplatz wird bis zur Beendigung des Unternehmens zu einem riesigen Flugzeugfriedhof.

The airfield of Malemes littered with the wreckage of Ju 52's.

◁ Luftlandetruppen werden teilweise auch mit DFS 230-Lastenseglern abgesetzt. In unwegsamem Gelände gehen viele der leichten Segler zu Bruch.

Landing on rough terrain causes damage to troop gliders, DFS 230.

△
Ständig liegen die Absetzstellen unter gezieltem Feuer der englischen Artillerie.

The landing area for airborne troops is constantly under British artillery fire.

◁ Unter dem gegnerischen Feuer heißt es, an die über das Gelände verstreuten Abwurfbehälter mit Munition und Verpflegung heranzukommen.

Often the supply containers are picked up under heavy shelling.

Während der kurzen Kampfpausen tut ein Schluck aus der ▷
Feldflasche den ausgedörrten Kehlen gut.
A short rest and a drink from the canteen.

◁ Eine Gruppe Fallschirmjäger sammelt sich zu einem neuen
Vorstoß gegen die hartnäckigen Verteidiger in einer bewaldeten
Bodenwelle.
A unit of parachutists regroups for the next attack.

Langsam gewinnen die gelandeten Truppen an Boden und ▷
drängen die Engländer in das Innere der Insel ab.
Gradually, the Germans gain control over the island.

Auf improvisierten Kochstellen wird die Suppe ▷
aus Beutekonserven zusammengebraut, denn
auch der Magen verlangt sein Recht.

After the battle, captured canned food serves
as the first meal for the German parachutists.

Zur Niederkämpfung letzter Widerstandsnester
starten Zerstörer des ZG 26 vom Festland aus.
Destroyer planes of ZG 26 take off to reduce
the last strongholds.
▽

◁ Um die eigenen Stellungen für die angreifenden Bf 110 zu
kennzeichnen wird die Nationalflagge als Sichtzeichen aus-
gelegt.

The Swastika Flag is used by the Germans to show their own
positions to the attacking German aircraft.

109

Nachdem die Aussichtslosigkeit weiteren Widerstandes offensichtlich wird, ergeben sich die ersten Engländer. ▷
After a brave defense, the British soldiers surrender.

Bei dem Versuch der englischen Flotte mit Kriegsschiffen und Transportern Verstärkung für Kreta in der Suda-Bucht zu landen, greifen Ju 87 des St.G.2 die Schiffe an.
Ju 87's of StG 2 attack British naval forces in the Suda Bay.
▽

An den Erfolgen gegen britische Kriegsschiffe ▷
während der Freikämpfung der Insel Kreta ist
auch das LG 1 mit seinen Ju 88A beteiligt.

LG 1 equipped with Ju 88's was an experienced Luftwaffe unit and was used against the British Navy.

Rauchschwaden getroffener Truppentransporter und Tanker steigen nach dem Angriff auf den Flottenverband über der Suda-Bucht auf.
Rising smoke signals the success of the air raid. ▽

Der Sprung auf Kreta war trotz des erfolgreichen Abschlusses ein schwerer Opfergang für die eingesetzten Fallschirmjäger-Bataillone. Voller Trauer stehen die Fallschirmjäger vor den Gräbern ihrer gefallenen Kameraden.
Sadness marks the faces of the German parachutists standing in front of the graves of their dead comrades.

Fast endlos ist die Reihe der Kreuze auf dem Ehrenfriedhof des Fallschirmjäger-Regiments 1 bei Heraklion.
The memorial of the paratrooper-regiment 1 at Heraklion.

Kampfgebiet Nordafrika und Mittelmeer - Die Angriffe auf Malta 1940-1943

13. 9. 1940
Beginn der italienischen Offensive gegen Ägypten (Marschall Graziani).

9. 12.
Die Briten treten zur Gegenoffensive an.

10. 12.
Verlegung des X. Fliegerkorps. (Gen. Geisler) nach Sizilien (160 Bomber und 20 Jäger).

10. 1. 1941
Luftangriffe auf britische Seestreitkräfte vor Malta.

22. 1.
Briten erobern Tobruk.

3. 2.
Rommel wird Befehlshaber des deutschen Afrikakorps.

6. 2.
Benghasi in englischer Hand.

31. 3.–3. 4.
Rommel erobert mit dem deutschen Afrikakorps die Cyrenaika zurück. »Fliegerführer Afrika« verfügt jetzt über 2 Gruppen der Stuka-Geschwader 1 und 2 (Tripolis und Sirte), III. Gruppe ZG 26. (Gazala), I. Gruppe JG 27 (Gazala). Angriffe auf Schiffsziele im Hafen von Tobruk. Jäger im heftigen Kampf mit britischen Maschinen verwickelt. KG 26 (Ju 88) bombardiert Alexandria.

14. 4.–17. 11.
Kampf um die Festung Tobruk und Abwehrkampf an der ägyptischen Grenze. Die schwachen Verbände der Luftwaffe sind pausenlos im Einsatz.

18. 11.
Englische Gegenoffensive der 8. Armee.

15. 12.
Um die hohen Verluste an Transportschiffen mit Nachschub für das Afrikakorps durch die britische Flotte zu verhindern, werden auf Sizilien 1 Stuka-Gruppe, 5 Kampf-Gruppen, 1 Nachtjagdgruppe und 1 Zerstörergruppe stationiert. Bomben auf britische Geleite und Kriegsschiffe.

18. 12.–24. 12.
Rückzugkämpfe des Afrikakorps in der Cyrenaika.

20. 12.
Die Luftwaffe greift Malta an. Im Dezember werden 60 z. T. schwere Angriffe geflogen.

1. 1.–12. 1. 42
Verstärkte Luftangriffe auf Malta. Die Flotten- und Luftbasis Malta schützt den britischen Geleitverkehr und ist Basis für Angriffe auf den Nachschubweg von Italien nach Nord-Afrika. Die britische Luftabwehr in Malta wird laufend verstärkt. Die deutschen Kampfflugzeuge erleiden über Malta hohe Verluste. In den ersten Januartagen werden 263 Angriffe geflogen.

21. 1.
Rommels Gegenangriff zur Wiedereroberung der Cyrenaika.

20. 3.
Schwere Angriffe auf Malta und den britischen Jägerplatz Ta-Kali. 60 Ju-88 zertrümmern mit Spezialbomben das Rollfeld, Hangars und Werkstätten.

21. 3.
Die angreifenden deutschen Kampfverbände (KGr 606 und 806, I./KG 54, KG 77, JG 53, II./JG 3, III./ZG 26) stoßen auf keine nennenswerte Jägerabwehr. Am Abend gleicht Ta-Kali einer Mondlandschaft.

22. 3.–31. 3.
Fortsetzung der schweren Bombenangriffe. Schwer wird jetzt La Valetta, der Hafen, die Werften und Docks getroffen.

16. 4.
Neuer schwerer Bombenschlag gegen die Flugplätze Hal Far und Ta Kali.

Das II. Fliegerkorps setzt in der Zeit vom 20. 3.–28. 4. 42
5 807 Kampfflugzeuge
5 667 Jäger
und 345 Aufklärer ein.
6 557 231 kg Bomben wurden auf Malta geworfen.

11. 5.
15.30 Uhr Angriffe von I./LG 1 (Iraklion) und II./LG 1 (Athen) auf britische Zerstörer. »Lively« sinkt als erster. 17.00 Uhr erneute Angriffe. Zerstörer »Kipling« wird getroffen und sinkt. Später »Jackal«. Nur ein Zerstörer entkommt.

10. 5.–12. 5.
Wieder schwere Angriffe gegen Malta, verstärkte britische Abwehr. Hohe deutsche Verluste. Danach verlegt Hitler mehrere Geschwader an die Ostfront oder nach Afrika. Die Luftoffensive gegen Malta ist vorerst zu Ende.

26. 5.
Beginn der neuen deutsch/italienischen Offensive in Nord-Afrika (»Theseus«).

3. 6.–10. 6.
StG. 3 greift in die Kämpfe um das Wüsten-Fort Bir Hacheim ein. Heftige Luftkämpfe von I./JG 27 mit britischen und südafrikanischen Staffeln. Oblt. Marseille schießt sechs feindliche Maschinen ab. Weitere schwere Luftangriffe auf Bir Hacheim. 124 Ju 87 und 76 Ju 88 werfen 140 To. Bomben auf das Wüsten-Fort. 168 Bf 109 decken die Bomberverbände. Die Briten verlieren neun Spitfires, StG 3 innerhalb einer Woche 14 Ju 87.

20. 6.
Stuka-Geschwader 3 greift Tobruk an. Ju 88 (Lehrgeschwader 1) bombt Artilleriestellungen. Bf 110 (III./ZG 26) beschießen englische MG- und Pak-Stände in der Festung. Zusammen mit italieni-

schen Jabos fliegen die deutschen Verbände Welle auf Welle gegen Tobruk. Zielwechsel auf Flugplatz und Schiffe im Hafen.

21. 6.
Eroberung der Festung Tobruk.

26. 6.
Im Fortgang der Offensive Rommels Bombenangriffe auf Marsa-Matruch. Die britische 8. Armee auf dem Rückzug. LG 1 greift britische Versorgungslager, StG 3 Truppenbewegungen im Hinterland an. Die Jagdstaffeln sind ununterbrochen im Einsatz.

30. 6.
Das deutsche Afrikakorps dringt in Richtung El Alamein – Kairo vor. Schwere Sandstürme verhindern den Einsatz der Luftwaffe gegen die El Alamein-Stellung.

13. 8.
Gen. Lt. Montgomery wird OB der britischen 8. Armee. Die Front vor El Alamein erstarrt nach vergeblichem Offensivstoß Rommels. Das Afrikakorps ist erschöpft. Die Luftwaffe steht im ständigen kräftezehrenden Einsatz gegen die sich laufend verstärkende Air-Force.

1. 9.
Hauptmann Marseille schießt im Luftkampf 17 britische Maschinen ab.

30. 9.
Nach 158 Luftsiegen stirbt Hans-Joachim Marseille den Fliegertod. Bei einem Absprung aus seiner Bf 109 öffnet sich der Fallschirm nicht.

10. 10.
Erneute deutsche Luftoffensive gegen die Insel Malta.

23. 10.
Britische Gegenoffensive. Bei El Alamein beginnen die Rückzugskämpfe des Afrikakorps. Steigende Verluste der Luftwaffe.

7.–9. 11.
Landung amerikanisch-englischer Streitkräfte in Marokko und Algerien.

10. 11.
Tobruk wird aufgegeben. Verstärkte deutsche Luftlandungen in Tunis.

11. 11.
Steigerung der Lufttransporte von Truppen und Material zum Aufbau der Front gegen die gelandeten Alliierten. Dabei schwere Verluste an Transportflugzeugen. Absolute Luftüberlegenheit der Alliierten. Verzweifelte Angriffe der Luftwaffe zur Unterstützung der Erdtruppen. Die Luftüberlegenheit der Alliierten ist so erdrückend, daß z. B. aus einem Transport von 20 Lastenseglern Me 323 »Gigant« 18 Segler abgeschossen werden.

25. 1.–30. 1. 1943
Britische Truppen besetzen Tripolis. Rückzugskämpfe in Tripolitanien. Die geschwächten deutschen Luftstreitkräfte stehen im harten Abwehrkampf.

23. 2.–15. 3.
Heeresgruppe Afrika verteidigt sich in der Mareth-Stellung und in West Tunesien.

28. 3.
Die Brit. 8. Armee bricht durch die deutsch/italienische Mareth-Stellung.

13. 5.
Kapitulation der Heeresgruppe Tunis. 252 000 Mann geraten in Gefangenschaft. Abschluß der Kämpfe in Nordafrika.

Battle Area North Africa and the Mediterranean – Attacks on Malta – 1940–1943

13 Sept 1940
The beginning of the Italian offensive against Egypt (Marshall Graziani).

9 Dec 1940
The British launch a counteroffensive.

10 Dec 1940
The X German Fliegerkorps (General Geisler) is transferred to Sicily (160 bombers and twenty fighter planes).

10 Jan 1941
German air raids are flown against British naval forces at Malta.

22 Jan 1941
The British conquer Tobruk.

3 Feb 1941
Rommel is appointed Commander of the German Afrika Korps.

6 Feb 1941
The British take Benghazi.

31 March – 3 April 1941
Rommel regains Cyrenaica with his Afrika Korps. The »Fliegerführer Afrika« (Air Commander Africa) has now two groups of Stuka Squadrons 1 and 2 (Tripolis and Sirte), III Group ZG 26 (Gazala) and I Group JG 27 (Gazala). Ships are raided in the harbor of Tobruk. German fighters are engaged in extensive dogfights with the British. KG 26 (Ju 88) bombs the city of Alexandria.

14 April – 17 Nov 1941
The small units of the Luftwaffe are continuously in action in the battle for Fortress Tobruk and the defensive battles at the Egyptian border.

18 Nov – 15 Dec 1941
The Eighth British Army launches a counteroffensive. One Stuka group, five bomber groups, one night-fighter group and one destroyer group are being stationed on Sicily in order to prevent high losses of supply and transport ships by the British fleet. Bombs are dropped on British convoys and war ships.

18–24 Dec 1941
Battles are fought by the Afrika Korps during the retreat from Cyrenaica.

20 Dec 1941
The Luftwaffe attacks Malta. Sixty sorties are flown in December.

1–12 Jan 1942
Concentrated raids are made on Malta. The naval and aerial bases of Malta protect the British convoys and are the key bases for at-

tacks on the German supply route, Italy- North Africa. The British air defense on Malta is continually being reinforced. The German aircraft suffer heavy losses over Malta. They fly 263 sorties in the beginning of January.

21 Jan 1942
Rommel starts a counterattack to regain Cyrenaica.

20 March 1942
Heavy raids are directed against Malta and the British airfield Ta-Kali. Sixty Ju 88's smash the landing strip, hangars and installations with special bombs.

21 March 1942
The attacking German bomber units (KGr 606 and 806, I/KG 54, KG 77, JG 53, II/JG 3, III/ZG 26) do not encounter a major fighter defense. In the evening, Ta-Kali looks like a lunar landscape.

22–31 March 1942
La Valetta, the harbor, the shipyard and docks are hit by continuous and heavy bombing raids.

16 April 1942
Another bombing raid is directed against Hal Far and Ta-Kali Airfields. The II Fliegerkorps flies 5,807 bomber missions, 5,667 fighter plane missions and 345 reconnaissance missions during the period 20 March to 28 April 1942.
They drop 6,557,231 kg (7,213 tons) of bombs on Malta.

11 May 1942
Attacks on British destroyers are flown by I/LG 1 (Iraklion) and II/LG 1 (Athens) at 1530 hours. *Lively* is the first ship sunk. New attacks start at 1700 hours. The destroyer *Kipling* is hit and sinks, later *Jackal*. Only one destroyer is able to get away.

10–12 May 1942
Heavy German attacks on Malta encounter a strong British defense. The Germans suffer high losses. Hitler transfers several squadrons to the eastern front (Russia) and to Africa. The air offensive against Malta is temporarily stopped.

26 May 1942
The beginning of the new German/Italian offensive in North Africa ("Theseus").

3–10 June 1942
StG 3 engages in the fights for the desert fort Bir Hacheim. Concentrated dogfights take place between the German I/JG 27 and British and South African squadrons. 1st Lt. Marseille shoots down six enemy aircraft. The heavy raids on Bir Hacheim are continued with 124 Ju 87's and 76 Ju 88's which drop 150 tons of bombs on the fort. The bomber units are escorted by 168 Me 109's. The British lose nine Spitfire's. The German StG 3 loses fourteen Ju 87's within one week.

20 June 1942
Stuka Squadron 3 attacks Tobruk. Ju 88's bomb artillery positions. Me 110's (III/ZG 26) fire on British machine gun and anti-tank strongholds in the fort. Together with Italian ground-strafing aircraft, the German units fly repeated raids on Tobruk, and later on, the airfield and ships in the harbor.

21 June 1942
Fortress Tobruk is conquered.

26 June 1942
Rommel's offensive is continued with bombing raids on Marsa-Matruk. The Eighth British Army retreats. LG 1 attacks British supply storages. StG 3 strikes against movements of troops in the rear areas. The German fighter squadrons are continuously in action.

30 June 1942
The German Afrika Korps advances toward El Alamein – Cairo. Heavy sandstorms prevent the action of the Luftwaffe against the El Alamein position.

13 Aug 1942
Gen Sir. Montgomery becomes high commander of the Eighth British Army. The front is halted before El Alamein; the Afrika Korps is exhausted. The Luftwaffe is progressively reduced in its actions against the strong British Air Force.

1 Sept 1942
Capt. Marseille shoots down seventeen British aircraft in dogfights.

30 Sept 1942
Credited with 158 enemy planes, Hans-Joachim Marseille dies, when his parachute fails to open after a jump from his Me 109.

10 Oct 1942
The German air offensive against Malta is resumed.

23 Oct 1942
The British launch a counteroffensive. The Afrika Korps retreats as their defensive battles start at El Alamein. The losses of the Luftwaffe rise.

7–9 Nov 1942
American and English forces land in Morocco and Algeria.

10 Nov 1942
Tobruk is abandoned.
The Germans land in Tunis with major units.

11 Nov 1942
German air transport of reinforcements is intensified for use against the landed Allies. Many transport aircraft are lost due to the Allied superiority in the air. In desperation the Luftwaffe supports the German infantry.

25–30 Jan 1943
British troops occupy Tripoli. Retreating German units are engaded in Tripolitania. The weakened German Air Forces are constantly in action.

23 Feb – 15 March 1943
Army Group Africa defends the Mareth Line and positions in western Tunisia.

28 March 1943
The Eighth British Army breaks through the German-Italian Mareth Line.

13 May 1943
Army Group Tunis capitulates as 252,000 men become prisoners of war. The fights in North Africa have ended.

△
Zu pausenlosen Angriffen gegen die Inselfestung Malta starten Ju 88A des KG 54 von einem sizilianischen Flugfeld.
Ju 88's of KG 54 take to the air for a mission against Malta.

Als Absprungplatz für englische Fliegerverbände ist Malta der strategisch wichtigste Punkt im Mittelmeer. Die Hafenstadt La Valetta mit ihren Bastionen.
La Valetta, the important harbor of Malta, and its defensive positions.
▽

△
Bombeneinschläge im Randbezirk der Stadt La Valetta.
Bombs exploding on La Valetta.

Anstelle der Flächenbomben ist die Ju 87R als ▷
Reichweiten-Stuka mit zwei abwerfbaren
Treibstofftanks ausgerüstet.

The wing mounted bombs on the Ju 87 are
replaced by additional tanks to increase the
range of this Stuka.

△
In Nordafrika stoßen Panzer von Rommels Afrikacorps durch die Cyrenaica den zurückweichenden englischen Truppen nach.
German tank units under the command of Rommel pursue British forces through Cyrenaica.

Die III. Gruppe/ZG 26 mit ihren Bf 110E greift teilweise mit Bomben und Bordwaffen in die Erdkämpfe ein.
Me 110's of III/ZG 26 fly ground-strafing attacks to support the infantry.
▽

△
Den Jagdschutz übernehmen Bf 109 der JG 27, JG 53 und JG 77.
Me 109's of JG 27, JG 53 and JG 77 provide escort for the bombers.

Jeder Start auf den sandigen Wüstenflugplätzen hinterläßt eine riesige Staubwolke. Start eines Schwarmes der I./JG 27.
A group from I/JG 27 takes off from a desert airfield.
▽

Auch bei den eingesetzten Stukas wird in Linie nebeneinander gestartet, da durch den aufgewirbelten Staub nachfolgenden Maschinen, trotz eingebauter Filter Kühler und Motor versanden würden.

Stukas start simultaneously along a line to avoid the dust clouds they are creating.

Angriffe der Ju 87 vom StG 3 richten sich gegen Truppen- und Nachschublager der Briten.

The attacks by Ju 87's (StG 3) are directed against British supply installations.

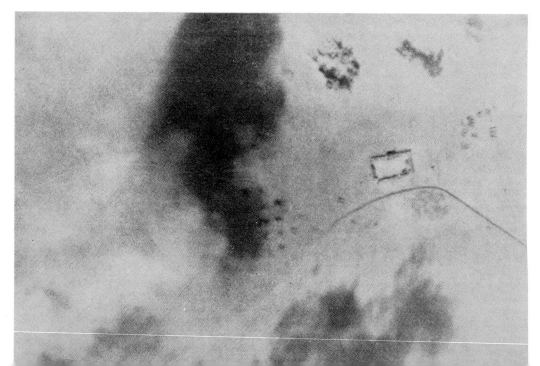

△
Die zurückkehrenden Flugzeuge fallen kettenweise ein und werden von den »Schwarzen« zur Wartung in Empfang genommen.
The ground crews await the returning bomber planes.

Ein »Fliegerdenkmal« bei Start oder Landung ist bei dem Sandboden, in dem die Räder leicht stecken bleiben, keine Seltenheit. Ju 87R-1 der I./StG 1. ▷
Unhappy landing for a Ju 87R in the desert sand.

Zur Einsatzbesprechung haben sich Besatzungen des ZG 26 im Freiluft-Gefechtsstand versammelt.
Briefing the crews of ZG 26 in the open air.

▽

Die einheimische Bevölkerung verliert ▷
bald ihre Scheu vor den »Radau-Vögeln« und stattet mit ihren Wüstenschiffen den Fliegern manchen Besuch ab.

Two different worlds.

◁ Trotz der Verständigungsschwierigkeiten kommt mit Engelsgeduld und der nötigen Gestik ein schwunghafter Tauschhandel zwischen Fliegern und Arabern zustande.

The first contact between the natives and the occupying forces.

Zusammen mit italienischen Jägern fliegt die III./ZG 26 auch Geleitschutz für den Schiffsverkehr zwischen Italien und den nordafrikanischen Häfen.

Together with their Italian Allies, German destroyer planes of III/ZG 26 fly convoy escort for cargo ships in the Mediterranean.
▽

△
Wer die Idylle sucht, findet sie wie dieser PK-Mann sogar auf einem Feldflughafen in Nordafrika!

A picturesque scene on an airfield of the western desert battle area.

Die Wartezeit bis zum nächsten Einsatz wird von weniger kunstbeflissenen durch einen deftigen Skat überbrückt. Im Hintergrund Bf 109E-4/N der 2./JG 27.

Relaxing before the next sortie.

▽

Der erfolgreichste Jagdflieger im Mittelmeerraum, Oblt. Marseille schildert nach der Landung den Abschuß einer Feindmaschine.

1st Lt. Marseille, the most successful fighter pilot of the North African battle area.

Ein englischer »Hurricane IIB«-Verband zieht über der Wüste dem gemeldeten Stukaverband entgegen.

British Hurricanes over the desert.

△
Lt. Marseille neben einer von ihm im Luftkampf erledigten »Hurricane«, deren Pilot noch eine Bauchlandung hinter der deutschen Linie gelang.

1st Lt. Marseille beside one of his "victims," a Hurricane.

Eine englische Flakgranate hat als Blindgänger dieser Bf 109F/Trop ein Stück aus dem Höhenruder gerissen.

The tail section of an Me 109 was destroyed by a dud from a British antiaircraft gun.
▽

△ Trotz der Härte des Kampfes wird bei den Kämpfen in Nordafrika auf beiden Seiten das Wort »Ritterlichkeit« groß geschrieben. Ein verwundeter Engländer wird zu einem deutschen Verbandsplatz gebracht.

A wounded British soldier is carried to a German field dressing station.

◁ Vor dem Angriff auf Bir Hacheim studieren Besatzungen des StG 3 nocheinmal auf der Karte den Flugweg.

Crews of StG 3 studying the map plan for the next sortie.

△
In provisorischen Boxen aus Sandsäcken und Feldsteinen sind die Ju 87 des Geschwaders gegen Splitterbomben geschützt abgestellt.
Ju 87's in their sheds on an airfield in the western desert.

Ein britisches Kommandofahrzeug – erbeutet, und jetzt Rommels Befehlspanzer.
A former British staff car – conquered and now in use as Rommel's command tank.
▽

Gegen Panzeransammlungen, Stellungen und Nachschubstraßen des Afrikakorps starten von Flugplätzen in Ägypten englische Bomber vom Typ Martin »Maryland«.

British Maryland bombers take off to attack deployed tank elements of the German Afrika Korps.

Bei den britischen Bombenangriffen werden neben militärischen Zielen auch Wohnviertel in Tripolis getroffen.

Tripoli after an attack by the British Air Force.

Einem einmotorigen Küstenüberwachungsflugzeug »Albacore« gelingt, nachdem von einer Bf 109 angeschossen, eine Notlandung im Küstengebiet.

A British short range reconnaissance seaplane, Albacore.

◁ Für das Operationsgebiet Nordafrika erhalten die Bf 109E-4/N der I./JG 27 einen grün-sandbraunen Tarnanstrich, der den Vegetationsverhältnissen dieses Landstriches angepaßt ist.

An Me 109 of I/JG 27 in desert camouflage.

Motorenwechsel an einer Bf 110E mit primitivsten Hilfsmitteln, verlangt von dem Werftpersonal einiges Improvisationsvermögen. ▷

Maintenance work on a DB engine of an Me 109.

Im Geleit einer Kette von der 8./ZG 26 hat ein Ju 52-Verband das Mittelmeer überquert und afrikanisches Festland erreicht.

A formation of Ju 52 transport planes escorted by destroyers of 8/ZG 26 on a flight toward the North African mainland.
▽

△
Auf dem Flugplatz von Tripolis werden in fieberhafter Eile Nachschubgüter für das Afrikakorps entladen, die Flugzeuge für den Rückflug vorbereitet.
The airfield at Tripoli – one of the most important supply bases.

Deutsche und italienische Transportschiffe, die im Geleit von italienischen Häfen aus Kurs Afrika nehmen, werden von Bf 110 der III./ZG 26 gegen britische Jägerangriffe geschützt.
Me 110's of III/ZG 26 fly convoy escort for Italian and German cargo ships.
▽

△
Als »Feuerwehr« ist das ZG 26 auch im Ägäischen Meer für eine Vielzahl von Kampf- und Begleitaufgaben im Einsatz.

The Me 110's of III/ZG 26 fly missions over the entire Mediterranean battle area.

Die Engländer schicken ihren Versorgungsschiffen von Malta aus »Swordfish«-Doppeldecker entgegen, die im Falle eines deutschen Angriffes das Geleit einnebeln sollen.

The famous British "Swordfish" torpedo bomber frequently used in the Mediterranean battle area.
▽

Auf ihren Absprunghäfen in Sizilien und Süditalien stehen Ju 88A des KG 30 bereit, um gemeldete englische Geleitzüge sofort anzugreifen.

Ju 88's on advance airfields in Sicily and southern Italy.

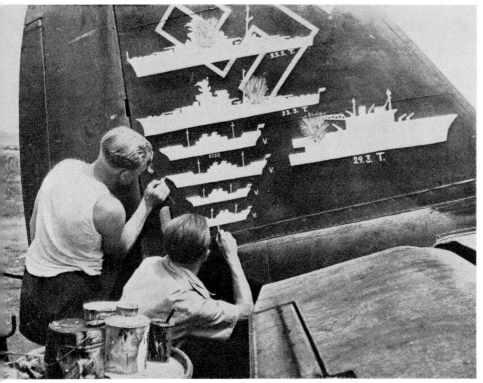

Die Erfolgsliste versenkter und beschädigter Schiffe wird auf das Seitenleitwerk einer Ju 88A aufgemalt.

A Ju 88A showing symbols of its victories against enemy ships.

Unter den Piloten des JG 77, das Jagdschutz für Angriffe auf Malta und andere Ziele stellt, ragen die Hauptleute Heinz Bär und Friedr. Geißhardt durch ihre Abschußerfolge besonders hervor.

Heinz Bär and Friedrich Geißhardt are the most successful pilots of JG 77.

◁
Die Serie der Erfolge, die Rommel im Sommer 1942 erzielen kann, ist ohne die Unterstützung der Luftwaffe undenkbar. Die Feldmarschälle Rommel und Kesselring bei einer Einsatzbesprechung.

Feldmarschall Rommel and Kesselring discussing the military situation.

Eine Ju 87-Gruppe fliegt englische Bereitstellungen im Raum ▷ El Alamein an.

A group of Ju 87's on a sortie against British troop deployments around El Alamein.

◁ Zwischen Panzern und LKWs liegen die Reihenwürfe einer Staffel des LG 1, das von der Insel Kreta aus in die Kämpfe um El Alamein eingreift.

Bombs explode among the British trucks and tanks.

Filmkassetten werden aus den RB-Geräten einer von Malta zurückkehrenden Bf 110 entnommen, um neueste Aufklärungsergebnisse über die Insel zu erhalten.

An Me 110 photo reconnaissance plane just returned from a flight over the island of Malta.

Erneut fliegen Kampfverbände der Luftwaffe gegen Flugplätze und Hafenanlagen der Insel, um eine Besetzung durch Luftlandetruppen vorzubereiten.

A formation of bombers on a flight toward Malta.

Unter einer aufgerissenen Wolkendecke liegt La Valetta mit seinem Flottenstützpunkt.

La Valetta, the target of the Luftwaffe, beneath partly-cloudy skies.

Die im Sturzflug geworfenen Bomben treffen Kasernen und einen Verladekai im Hafengebiet.

The German dive-bombing attack strikes barracks and the pier at La Valetta.

Bei den kontinuierlichen Luftangriffen werden auch weite Teile der Stadt selbst vernichtet, der Durchhaltewillen der Inselbewohner jedoch dadurch nicht gebrochen.
Repeated air raids destroy great parts of the city.

Von einem Flugzeugträger überflogene »Spitfires« verstärken die durch Bombenangriffe stark dezimierte Jagdabwehr der Insel Malta.
These Spitfires, reinforcements for Malta, launched from an aircraft carrier.

Für eine Luftlandung auf Malta schon zusammengezogene Schleppstaffeln mit Lastenseglern werden auf Befehl Hitlers wieder an ihre Stammhäfen zurückbeordert, die Besetzung der Insel wird damit aufgegeben.

These troop gliders are in readiness for the invasion of Malta.

Nach der Landung amerikanischer Truppen in Algerien wird der Lufttransport von Italien nach Afrika noch mehr intensiviert. Riesenschwärme von Ju 52 überqueren im Tiefflug das Mittelmeer.

Large formations of Ju 52's flying at low altitude on the way to supply the German forces in Africa.

△
Auf dem Flugfeld in Tripolis werden die Transporter von englischen Jabos angegriffen. Der Pfeil zeigt auf ein Besatzungsmitglied, das vor dem Beschuß in volle Deckung gegangen ist.
The arrow points to a crew member under cover for protection from a British ground-strafing attack.

Bei den schweren Verlusten unter den Transportflugzeugen wird mit BV 138-Flugbooten ein Seenot-Suchdienst eingerichtet.
A BV 138 flying boat for sea rescue operations.
▽

△
Mit allen zur Verfügung stehenden Kräften, Ju 88, He 111, Bf 109, Bf 110 und Ju 87 werden zahlreiche Angriffe gegen die gelandeten Amerikaner geflogen.

Ju 88's, He 111's, Me 109's, Me 110's and Ju 87's fly repeated sorties against the invading American forces.

Gut getarnt werden müssen die FW 190 des in Süditalien stationierten SG 4 gegen gegnerische Tiefangriffe, die in verstärktem Maße von Reichweitenjabos geflogen werden.

A well-camouflaged FW 190 of SG 4 on an airfield in southern Italy.
▽

△
Unter dem Druck der von Westen und Osten angreifenden
Alliierten zieht sich das Afrikakorps in Richtung Tunis zurück.
The German Afrika Korps on its retreat to Tunis.

Dutzende von zerschossenen Transportflugzeugen fallen den nachrückenden
englischen und amerikanischen Truppen in die Hände und legen Zeugnis über
die Anstrengungen der LW zur Versorgung von Rommels Afrikakorps ab.
German transport planes destroyed by the Allied troops.
▽

»Unternehmen Barbarossa« – Der Krieg gegen die Sowjetunion –

Gliederung der Luftwaffe am 22. 6. 1941:
Luftflotte 1 (Keller), Norkitten/Insterburg (Heeresgruppe Nord)
2. (F)/Ob.d.L. (Do 215), KGr z.b.V.106 (Ju 52).
I. Fliegerkorps (Foerster)
KG 1 (Ju 88A), KG 76 (Ju 88A), KG 77 (Ju 88A), JG 54 (Bf 109 F), 5.(F)/122 (Ju 88D).
Fliegerführer Ostsee (Wild)
KüstenflgGr. 806 (Ju 88A), AufklGr 125 (He 60, He 114, Ar 95).
Luftflotte 2 (Kesselring), Warschau-Bielany
(Heeresgruppe Mitte)
AufklGr (F)/122 (Ju 88D), JG 53 (Bf 109 F).
II. Fliegerkorps (Loerzer)
SKG 210 (Bf 110), KG 3 (Ju 88A), KG 53 (He 111 H 2-6), StG 77 (Ju 87B), JG 51 (Bf 109 F), KGr z.b.V. 102 (Ju 52).
VIII. Fliegerkorps (Richthofen)
KG 2 (Do 17 Z), StG 1 (Ju 87B), StG 2 (Ju 87B), ZG 26 (Bf 110), JG 27 (Bf 109 F), IV./KG z.b.V.1 (Ju 52), 2.(F)/11 (Do 17 P).
I. Flakkorps (Axthelm)
(bei Panzergruppen 2 und 3, Guderian, Hoth).
Luftflotte 4 (Löhr), Gefechtsstand Rzewszow
(Heeresgruppe Süd)
4.(F)/122 (Ju 88D), KGr z.b.V. 50 und 104 (Ju 52), JG 52 (Bf 109 F).
V. Fliegerkorps (Greim)
KG 51 (Ju 88), KG 54 (Ju 88), KG 55 (He 111 H 4-6), JG 3 (Bf 109 F), 4.(F)/121 (Ju 88D).
IV. Fliegerkorps (Pflugbeil)
KG 27 (He 111 H), JG 77 (Bf 109 E), 3.(F)/121 (Ju 88D).
II. Flakkorps (Dessloch)
(bei Panzergruppe 1, Kleist).
Luftflotte 5 (Stumpff), Oslo
KGr z.b.V.108 (Ju 52).
Fliegerführer Kirkenes
5./KG 30 (Ju 88A), IV. (St)/LG 1 (Ju 87B), 13./JG 77 (Bf 109 F), 1. (F)/120 (Ju 88D).

22. 6. 1941
3.00 Uhr. Blindflugerfahrene Besatzungen der KG 2, 3 und 53 überfliegen vor dem Angriffsbeginn die Grenze, um im Mittelabschnitt, ebenso aber im Norden wie im Süden der Front russische Jagdflugplätze anzugreifen. Durch Splitterbomben erleiden die Sowjets hohe Flugzeugverluste. Stuka-Angriffe auf nahe Plätze, Kampfgruppen bombardieren entferntere Flugziele. Für »Unternehmen Barbarossa« stehen vier Luftflotten zur Verfügung, von deren 1945 Flugzeugen nur 1280 einsatzbereit sind.
(510 Kampfflugzeuge, 290 Stukas, 440 Jäger, 40 Zerstörer, 120 Fernaufklärer). Das Ziel ist das schnelle Erringen der Luftherrschaft. Das Vordringen des Heeres wird besonders durch Stukas und Schlachtflieger unterstützt. Absichern der langen Flanken der Panzervorstöße. Verluste durch russische Flak und eigene Splitterbomben vom Typ »SD 2«, deren Abwurf durch Verklemmen in den Bombenschächten verhindert wird und die erst beim Landen der Maschinen herausfallen und explodieren. Im Laufe des Nachmittag werfen sich den deutschen Verbänden russische Jagdflieger entgegen. Die russischen Maschinen »I – 153«, »I – 15«, Curtiss P-40 und »I – 16« sind wesentlich langsamer als die Bf 109, jedoch bedeutend wendiger. Im Verlauf des Tages greifen erstmals russische Bomber in großer Zahl an. Die Sowjets erleiden durch die angreifenden deutschen Jäger hohe Verluste. In den ersten 24 Stunden des Rußlandfeldzuges werden 1811 sowjetische Maschinen vernichtet (davon 322 von Jägern und Flak, 1489 am Boden).

23.–27. 6.
Die Luftherrschaft über dem Kampfgebiet ist errungen. Im Hinterland werden durch Kampfflugzeuge russische Truppenmassierungen, Eisenbahnknotenpunkte und herangeführte Reserven bombardiert.

28. 6.
Ju 88 (KG 3) greifen mit 1800 kg-Bomben die Zitadelle von Brest Litowsk an.

29.–30. 6.
Unterstützung der rasch vordringenden Erdtruppen, Abstimmung zwischen Luftwaffe und Heer, um rasche Zielwechsel zu ermöglichen. Starkes Eingreifen russischer Bomber, die von den deutschen Jägern im Anflug angegriffen werden. Allein JG 51 schießt 114 Maschinen ab und erreicht als erstes Geschwader seit Kriegsbeginn 1000 Abschüsse. Auch bei Dünaburg versuchen russische Bomber, den deutschen Vorstoß durch massierte Angriffe zu stoppen. Hier vereitelt JG 54 den Bomberangriff. Die russische Luftwaffe muß in diesen ersten Tagen schwere Schläge hinnehmen. Auch JG 54, 3 und 53 melden den tausendsten Abschuß.
In den ersten Kriegsmonaten gelingt es der Luftwaffe jedoch nicht, die russische Produktion an Jagdflugzeugen, Bombern und Schlachtflugzeugen empfindlich zu treffen. Allein 1941 liefert die russische Industrie fast 16.000 neue Maschinen an die Rote Armee.

22. 7.
Erster Luftangriff auf Moskau. 127 Kampfflugzeuge von KG 3, KG 54 (Ju 88), KG 53 und KG 55 (He 111) KG 28, KGr. 100 und III./KG 26 bombardieren die russische Hauptstadt. Ungewöhnlich starke Flakabwehr mit 300 Scheinwerfern und vielen hundert Geschützen. Im weiteren Verlauf sinkt die Zahl der beteiligten Maschinen ab, bis schließlich die Luftoffensive gegen Moskau einschläft.

22. 9.
Schwere Angriffe durch StG 2 (Immelmann) auf sowjetische Schlachtschiffe, Kreuzer und Zerstörer in Kronstadt und Leningrad.

23. 9.
Erneute Angriffe auf die sowjetische Ostseeflotte gegen schwerste Flakabwehr. Mehrere Schiffe werden getroffen und sinken, darunter Schlachtschiff »Marat«. Hohe Verluste an Ju 87. Weiterhin unterstützt die Luftwaffe an allen Frontteilen das Vordringen des Heeres. Angriffe auf das eingeschlossene Leningrad.
Kesselschlacht bei Kiew. Schlachtflieger greifen in die Erdkämpfe ein. Die Luftwaffe hilft den Kessel abzuschnüren und verhindert durch pausenlose Angriffe auf Verkehrswege, daß die russischen Truppen im Kessel Nachschub erhalten.

15.–20. 10.
Einsetzen von Regen und Nebel. Aufgeweichte Flugfelder machen umfangreichen Flugbetrieb unmöglich. Zahlreiche Maschinen gehen zu Bruch. Erste Schwierigkeiten mit dem Nachschub. Die Einsatzbereitschaft der Geschwader nimmt ab. Oft sind bei einzelnen Geschwadern nur wenige Maschinen flugbereit. Der Kampf der Erdtruppen wird weiter nach Kräften unterstützt.

20. 11.
Kälteeinbruch. Viele Luftwaffenverbände werden zur Auffrischung in der Heimat aus der Front gezogen. Trotz steigender Verluste wird der Kampf der Erdtruppen bei allen drei Heeresgruppen unterstützt. Der russische Nachschub, sibirische Divisionen für den Gegenangriff bei Moskau, Kalinin und anderen Frontteilen, kann nicht mehr entscheidend gestört werden. Für diese Aufgabe sowie für das Zerschlagen der sowjetischen Industriewerke fehlen jene Fernbomber, deren Produktion von Göring, Milch, Kesselring und Udet gestoppt worden ist.

9. 1. 1942
Gegenangriffe der Sowjets bei der Heeresgruppe Mitte. Die Front weicht, zum Teil fluchtartig, zurück. Demjansk wird eingekesselt. Oberst F. Morzik übernimmt mit Ju 52-Transportverbänden die Versorgung der eingekesselten 100.000 Mann. Täglich können bis zu 300 to Nachschub eingeflogen werden. Vom 20. 2.–18. 5. 1942 werden fast 25.000 to Verpflegung, Waffen und Munition in den Kessel geflogen. Dazu 16.000 Soldaten zur Auffüllung und 24.000.000 Liter Benzin.
22.000 Verwundete werden ausgeflogen. Durch Divisionen des Heeres wird der Kessel von Demjansk schließlich freigekämpft. Im Kessel von Cholm (Durchmesser 2 km) entstehen beim Entladen besonders hohe Verluste. He 111 (KG 4) werfen über Cholm Verpflegungsbomben und Munition ab. Lastensegler vom Typ Go 242 werden eingesetzt. Die Kampfgruppe Scherer wird Anfang Mai befreit. Erster Einsatz von Luftwaffen-Feldverbänden. Felddivisionen der Luftwaffe stehen von jetzt ab in hartem Einsatz neben den Soldaten des Heeres. Die Luftwaffe unterstützt das Heer beim schweren Abwehrkampf gegen die Offensiven der Roten Armee und hilft bei der Vernichtung der russischen Wlassow-Armee.

28. 6. 1942
Die Heeresgruppe Süd (Gen.Feldm.v.Bock) greift aus dem Raum östlich Charkow an, wobei die Luftwaffe mit allen verfügbaren Verbänden die Sommeroffensive unterstützt.

30. 7.
Hitler befiehlt das Abdrehen der 4.Pz.-Armee auf Stalingrad. Kampfflugzeuge unterstützen das Vordringen gegen die Stadt an der Wolga.

1. 9.
Die Stadtgrenze von Stalingrad wird erreicht.

16. 9.
Kämpfe in der Stadt. Schlachtflieger greifen in die Straßenkämpfe ein.

19. 11.
7.30 Uhr. Russische Gegenoffensive mit 40 Schützendivisionen, 2 Panzer- und 2 Kav.Korps. Die Russen werfen 1.000 Panzer, 12.000 Geschütze und Granatwerfer sowie 1.200 Flugzeuge in den Kampf.

23. 11.
Die Zange hat sich geschlossen, die 6. Armee ist in Stalingrad eingekesselt.

24. 11.
Göring sagt den täglichen Einflug von 500 to Nachschub zu.

23. 12.
Der Vorstoß zur Befreiung der 6. Armee (»Wintergewitter«) scheitert.

25. 11. 42–11. 1. 43
Zur Versorgung Stalingrads stehen 308 Ju 52, 20 Ju 86, 159 He 111 bereit. Dazu kommen noch zahlreiche FW 200, He 177 und Ju 290. In diesen Tagen erfolgen durch diese Verbände 3.196 Einflüge in den Kessel. Etwa 25.000 Verwundete können herausgeflogen werden. Der Tagesdurchschnitt der Verpflegung und Munition beträgt nicht 500 to, wie Reichsmarschall Göring zugesagt, sondern z. Zt. 107 to. Das Meiste wird durch die Ju 52 transportiert – 2 to –, jedoch darf die Entfernung des Startplatzes nicht mehr als 200–300 km sein. Zunächst ist noch Geleitschutz durch Jäger möglich. Insgesamt können in der Zeit vom 29. 11. 42 bis 3. 2. 43 = 2.566 Flugzeuge eingesetzt werden, die eine Landung von 3.295 to einfliegen.

10. 1. 1943
Schwere Angriffe der Sowjets, die den Kessel Schritt für Schritt verengen. Die Flugplätze Gumrak und Pitomnik liegen unter russischem Artilleriefeuer. Die Verluste an Transportmaschinen steigen sprunghaft. Die große Kälte bringt außerdem Vereisung der Maschinen mit sich.

30. 1.
Abwurf von Versorgungsbomben, von denen ein erheblicher Teil verloren geht. Der Widerstand der Verteidiger im Kessel erlahmt. Mit aller Kraft und unter hohen Opfern versuchen die dezimierten Transportverbände bis zuletzt Versorgungsgüter über dem Kessel abzusetzen. Den Russen gelingt es, den Kessel zu spalten. In der Nacht vom 31.1. werfen 88 Maschinen noch eine Last von 100 to ab.

2. 2.
Die Kämpfe im Kessel gehen zu Ende. Der Widerstand erlischt.
3. 2. 1943
21.30 Uhr melden Flugzeugbesatzungen, daß keine Kampftätigkeit im Kessel mehr beobachtet wird. In der Zeit vom 24. 11. 42 bis 31. 1. 1943 gingen 266 Ju 52, 165 He 111, 42 Ju 86, 9 FW 200, 5 He 177 und eine Ju 290 verloren.
1. 1. 1943–30. 6. 43
An allen Frontabschnitten unterstützt die Luftwaffe die Kämpfe des Heeres. Die Rote Armee hat das in der Sommeroffensive 1942 gewonnene Gebiet zurückerobert. Überall stehen die Erdtruppen in schweren Abwehrkämpfen. Vorbereitung auf »Unternehmen Zitadelle«, die Abschnürung des russischen Frontbogens bei Kursk. VIII. Fliegerkorps (Genmaj. H. Seidemann) verfügt für dieses Unternehmen über 1000 Bomber, Jäger, Schlachtflugzeuge und Panzer-Jagdflugzeuge, mit denen er den Angriff der 4.Pz.-Armee (Hoth) von Süden her unterstützt. Die 1. Flieger-Division soll den Einsatz der unter Generaloberst Model von Norden her angreifenden Divisionen mit 700 Maschinen unterstützen. Unmittelbar vor der Angriffszeit erfolgt der Anflug von 450 sowjetischen Bombern, Schlachtflugzeugen und Jägern gegen die Flugplätze. Im letzten Augenblick können die Maschinen von JG 52 und JG 3 aufsteigen und den Angriff abwehren. Es entbrennt eine der größten Luftschlachten des Krieges. Die beiden deutschen Jagdgeschwader schießen 120 russische Maschinen ab.
3.30 Uhr Angriffsbeginn für »Unternehmen Zitadelle«. Kampfflugzeuge bomben die sowjetischen Stellungen im Kursker Bogen. Schlachtflugzeuge greifen die russischen Erdtruppen an. Die Rote Armee verteidigt sich in dem tief gegliederten Stellungssystem mit aller Verbissenheit. Der deutsche Angriff verlangsamt sich und kommt schließlich zum Stehen.
8. 7.
Russischer Flankenangriff mit Panzern westlich Bjelgorod. Abwehr aus der Luft durch drei Staffeln Hs-129 Panzerjäger IV.(Pz)/SG 9.
11. 7.
Nachdem der deutsche Zangenangriff auf Kursk mißglückt ist, treten die Sowjets bei Orel zum Gegenangriff an. Sowjetische Panzer bedrohen die Bahnlinie Brjansk-Orel und drohen den Nachschub für 9. und 2. Panzer-Armee abzuschneiden. Stukas, Jäger und Panzer-Schlachtflieger zerschlagen den russischen Vorstoß. In der folgenden Zeit unterstützt die Luftwaffe bei ständiger Zersplitterung und hohem Verschleiß das Heer bei den schweren Abwehrkämpfen am Ladogasee, bei Nowgorod und Newel, bei Welikije Luki, Wjasma, Rshew, Smolensk, am Mius, Don, bei Rostow und bei der Verteidigung von Charkow. Der immer stärker werdenden Überlegenheit der Sowjets, auch in der Luft, kann die Luftwaffe nichts Gleichwertiges entgegensetzen. Dennoch greifen die zusammengeschmolzenen Geschwader auch im Jahre 1944 unentwegt während der sowjetischen Offensiven gegen die Heeresgruppe Nord, die Angriffe zwischen den Pripjetsümpfen und der Düna und im Süden der Front bei der Räumung der Krim sowie der großen russischen Offensive gegen die Ukraine in die Kämpfe ein. Immer wieder können sie den schwer ringenden Divisionen Entlastung im Abwehrkampf bringen. Mitte 1944 (22. 6.) stehen z. B. bei der Heeresgruppe Mitte 800 deutschen Flugzeugen 4.500 russische Maschinen gegenüber.

"Operation Barbarossa" – The War against the Soviet Union –

The organisation of the Luftwaffe on 22 June 1941:
Airfleet 1 (Keller), Norkitten/Insterburg
(Army Group North)
2(F)/Ob.d.L. (Do 215), KGr (Ju 52) for special use.
I Fliegerkorps (Foerster)
KG 1 (Ju 88A), KG 76 (Ju 88A), KG 77 (Ju 88A) JG 54 (Me 109F), 5(F)/122 (Ju 88D).
Fliegerführer Ostsee (Air commander Baltic) (Wild)
Flying Coast Group 806 (Ju 88A), Reconnaissance Group 125 (He 60, He 114, Ar 95).
Airfleet 2 (Kesselring), Warsaw-Bielany
(Army Group Center)
Reconnaissance Group (F)/122 (Ju 88D), JG 53 (Me 109F).
II Fliegerkorps (Loerzer)
SKG 210 (Me 110), KG 3 (Ju 88A), KG 53 (He 111 H 2-6), StG 77 (Ju 87 B), JG 51 (Me 109F), KGr 102 (Ju 52) for special use.
VIII Fliegerkorps (Richthofen)
KG 2 (Do 17 Z), StG 1 (Ju 87 B), StG 2 (Ju 87 B), ZG 26 (Me 110), JG 27 (Me 109F), IV/KG 1 for special use (Ju 52), 2 (F)/11 (Do 17 P).
I Flakkorps (Antiaircraft Corps) (Axthelm) (with Armored Groups 2 and 3, Guderian, Hoth).
Airfleet 4 (Löhr), Command Post Rzewszow
(Army Group South)
4 (F)/122 (Ju 88D), KGr 50 for special use and 104 (Ju 52), JG 52 (Me 109F).
V Fliegerkorps (Greim)
KG 51 (Ju 88), KG 54 (Ju 88), KG 55 (He 111 H 4-6), JG 3 (Me 109F), 4 (F)/121 (Ju 88D).
IV Fliegerkorps (Pflugbeil)
KG 27 (He 111 H), JG 77 (Me 109 E), 3 (F)/121 (Ju 88D).
II Flakkorps (Antiaircraft Corps) (Dessloch)
(with Armored Group 1, Kleist).
Airfleet 5 (Stumpff), Oslo
KGr. 108 for special use (Ju 52).
Fliegerführer (Air commander) Kirkenes
5/KG 30 (Ju 88A), IV (St)/LG 1 (Ju 87B), 13/JG 77 (Me 109F), 1 (F)/120 (Ju 88D).
22 June 1941
At 0300 hours the crews of KG 2, 3 and 53, which are experienced in blind flying, fly over the Russian border to strike airfields in the center and to the north and south of the front prior to the attack.

The Soviets lose many aircraft from fragmentation bombs. Stuka's raid nearby airbases. Bomber groups bomb distant targets. Four Airfleets are available for "Operation Barbarossa". Only 1280 of their 1945 aircraft are ready for action (510 bombers, 290 Stuka's, 440 fighter planes, 40 Destroyer Planes, 120 long distance reconnaissance planes). Their goal is to achieve control of the air quickly. The advancing army is supported by Stuka's and ground-strafing aircraft. Also, the Luftwaffe secures the flanks for the armored assaults; however, they suffer high losses from Russian antiaircraft guns and their own fragmentation bombs ("SD 2"). The bombs explode on the ground from being tightly clamped in the bomb bays. During the afternoon, the German units are engaged by Russian fighters. Although the Russian aircraft I – 153, I – 15, Curtiss P 40 and I – 16 are much slower than the German Me 109's, they are considerably more maneuverable. On this day, major units of Russian bombers strike the Germans for the first time. The Soviets lose many aircraft through counterattacks by German fighter planes. In the first twenty-four hours of the Russian campaign 1811 Soviet aircraft are destroyed (322 by fighter planes and antiaircraft guns, 1489 on the ground).

23–27 June 1941

The Germans have gained control of the air over the combat area. Bombers strike Russian troop concentrations, railway junctions and advancing enemy reserves in the rear areas.

28 June 1941

Ju 88's (KG 3) attack Citadel Brest Litowsk.

29–30 June 1941

Infantry troops are closely supported by units of the Luftwaffe. Approaching Russian bombers are engaged by German fighters. JG 51 shoots down 114 aircraft and is the first squadron to destroy 1000 planes in the air since the start of the war. Russian bombers try to halt the German movement at Dünaburg with concentrated attacks. They are repelled by JG 54. The Russian Air Force suffers great losses within these first days. Now, JG 54, 3 and 53 report 1000 enemy planes shot down.

The German Luftwaffe is not able to eliminate the Russian production of fighter planes, bombers and ground-strafing aircraft during the first months of the war; and Russian industry is able to build 16,000 new airplanes for the Red Army in the year 1941.

22 July 1941

The first air raid on Moscow is made. The Russian capital is bombed by 127 bombers of KG 3, KG 54 (Ju 88), KG 53 and KG 55 (He 111), KG 28, KGr, 100 and III/KG 26. They encounter a strong antiaircraft defense of 300 searchlights and hundreds of antiaircraft guns. The attack of the Luftwaffe is slowly reduced until, finally, the air offensive against Moscow is stopped.

22 Sept 1941

StG 2 (Immelmann) flies raids on Soviet battleships, cruisers and destroyers at Kronstadt and Leningrad.

23 Sept 1941

Attacks are made against the Russian Baltic Fleet. The Germans encounter heavy antiaircraft fire. Several ships are sunk. Among them is the battleship Marat. Many Ju 87's are lost. The Luftwaffe gives continuing support to Army movements on all parts of the front. The surrounded city of Leningrad is raided. Ground-strafing aircraft engage in the encirclement at Kiev. The Luftwaffe supports the closing of the caldron and prevents the delivery of Russian supplies by continuous attacks on their supply routes.

15–20 Oct 1941

Rain and fog prevent air operations from the soaked airfields. Many aircraft break down. The first supply difficulties occur. The readiness of the squadrons declines. Often, the squadrons have only a few aircraft ready for flying. But the infantry troops are still supported by the Luftwaffe.

20 Nov 1941

Winter in Russia! Many units of the Luftwaffe are sent back to Germany for recuperation. In spite of the high losses, all three Army Groups receive continuous support from the Luftwaffe in their operations. The Russian reserves (divisions from Siberia) for counterattacks at Moscow, Kalinin and other parts of the front cannot be halted or destroyed. For this operation and for destroying Russian industry, the Germans lack a long distance bomber. The production of such a bomber was stopped by Göring, Milch, Kesselring and Udet.

9 Jan 1942

The Army Group Center is counterattacked by the Soviets. The front moves backwards.

Demjansk is surrounded. Ju 52-transportation units under Col. F. Morzik fly supplies to the encircled 100,000 men. They receive up to 300 tons of supply daily. Almost 25,000 tons of food supply, arms and ammunition are flown into the caldron from 20 February – 18 May 1942. Also, 16,000 soldiers and 24,000,000 liters of gasoline. 22,000 wounded leave the caldron by air. Divisions of the German Army finally break through the Russian positions and reach the caldron of Demjansk.

The unloading of supplies causes very high losses in the caldron of Cholm (2 km diameter). He 111's (KG 4) drop food supplies and ammunition over Cholm. Go 242 Cargo gliders are also used. Divisions of the Luftwaffe, side by side with soldiers of the army, are put into action for the first time. The Luftwaffe supports the army in their battle against the offensives of the Red Army and helps destroy the Wlassow Army.

28 June 1942

The Army Group South (Gen. Feldm. v. Bock) advances east of Charkow. This summer offensive is supported by the Luftwaffe using all units available.

30 July 1942

Hitler orders the 4th Panzer Army to move toward Stalingrad. Bombers support the advance to the city on the Volga river.

1 Sept 1942

The Germans reach the edge of the city.

16 Sept 1942

Ground-strafing aircraft support the fights in the streets of the city.

19 Nov 1942
At 0730 hours the Russians launch a counter offensive with forty infantry divisions, two armored and two cavalry corps. They put 1000 tanks, 12,000 guns and trench mortars and 1200 aircraft into the action.

23 Nov 1942
The 6th German Army is encircled within Stalingrad.

24 Nov 1942
Göring promises a daily supply of 500 tons.

23 Dec 1942
The thrust for the rescue of the 6th Army fails ("Wintergewitter", winter thunderstorm).

25 Nov 1942–11 Jan 1943
The Germans have the following aircraft available for supplying Stalingrad: 308 Ju 52's, twenty Ju 86's, 159 He 111's and many FW 200's, He 177's and Ju 290's. The units of the Luftwaffe fly 3,196 sorties into the caldron during these days. They are able to fly out 25,000 wounded soldiers. The daily average of food and ammunition supplies reaches 107 tons rather than the 500 tons promised by Reichsmarschall Göring. Ju 52's are capable of carrying two tons when the supply airfield is within 200–300 km of the destination. In the beginning, the transport aircraft are escorted by fighter planes. During the period from 29 Nov. 1942 to 3 Feb. 1943, the Germans provide their encircled units with 3,295 tons of supplies using 2,566 aircraft.

10 Jan 1943
Heavy attacks by the Soviets progressively narrow the caldron. Gumrak and Pitomnik airfields are under continuous Russian artillery fire. The losses of transport equipment rise quickly. Other losses occur due to freezing weather.

30 Jan 1943
Supply containers are dropped but most are lost. The German resistance decreases. The air transport units try to supply their comrades until the last minute, although suffering extensive aircraft losses. The Russians succeed in splitting the caldron. During the night of 31 Jan. 1943, 88 aircraft drop 100 tons of supply.

2 Feb 1943
The fighting in the caldron of Stalingrad has ended. There is no more resistance.

3 Feb 1943
At 2130 hours, crews of returning German aircraft report that there is no more fighting activity in the caldron. The Luftwaffe lost 266 Ju 52's, 165 He 111's, 42 Ju 86's, 9 FW 200's, 5 He 177's and one Ju 290 during the period from 24 Nov. 1942 to 31 Jan. 1943.

1 Jan–30 June 1943
The Luftwaffe supports the army on all sections of the front. The Red Army has recaptured the area that had been gained by the Germans during the Summer Offensive of 1942. The infantry is on the defensive along all sections of the front. Preparations are made for "Operation Zitadelle" to cut off the Russian front near Kursk. The VIII Fliegerkorps (Maj. Gen. H. Seidemann) has more than 1000 bombers, fighter planes and ground-strafing aircraft available for this action. He is to give support to the 4th Panzer Army (Hoth) in its thrust from the south. The divisions of General Model, that attack from the north, receive support by 1 Flieger Division with 700 aircraft. Shortly before the planned time of attack, 450 Soviet bombers, ground-strafing aircraft and fighters strike the German airfields. JG 52 and JG 3 manage to take off and succeed in repelling the raid. One of the greatest air battles of the war takes place. The two German fighter squadrons destroy 120 Russian aircraft in the air.

"Operation Zitadelle" is launched at 0330 hours. German aircraft bomb Soviet positions in the arc of the front line near Kursk. Ground-strafing aircraft attack the Russian infantry troops. The Red Army holds its well-fortified positions and defends itself fiercely. The German assault progressively slows and is finally halted.

8 July 1943
An armored Russian thrust is directed toward the German flank west of Bjelgorod. It is repelled by a counterattack of three squadrons (ground-strafing aircraft) of IV (Pz)/SG 9 (Schlachtgeschwader 9).

11 July 1943
The Soviets launch a counteroffensive near Orel after the German enveloping attack on Kursk has failed. Soviet tanks threaten the Brjansk-Orel railway thereby endangering the supply route for the 9th and 2nd Panzer Army. Stuka's, fighter planes and ground-strafing aircraft destroy the Russian assault. During the following months, the weakened Luftwaffe, although suffering high losses, supports the German Army in its defensive battles at the Ladoga Lake, near Nowgorod and Newel, Welikije Luki, Wjasma, Rshew, Smolensk, at the Mius and Don rivers, near Rostow and in the defense of Charkow. The Luftwaffe is not capable of competing with the increasing Russian air strength. Nevertheless, the diminished German squadrons engage in the Soviet offensives against the Army Group North, in the attacks between the Pripjet Swamps and the Düna and, along the southern front, in the evacuation of the Crimea and the battle for the Ukraine.

Time and again, the Luftwaffe manages to give support to the German infantry divisions in its heavy defensive battles. In the year 1944 (22 June), 800 German aircraft are opposed by 4,500 Russian craft at Army Group Center.

Zu den Vorbereitungen des Unternehmens ▷
»Barbarossa« gehört das Anlegen von Bombendepots auf frontnahen Flugplätzen, für den ersten, entscheidenden Schlag der Kampfgeschwader.

Prior to "Operation Barbarossa," bomb storage depots are installed at advance airfields.

◁ In den frühen Morgenstunden des 22. Juni 1941 überfliegen die ersten, kleinen Kampfverbände die russische Grenze, um sowjetische Flugplätze zu zerbomben.

On the morning of 22 June 1941, the first sorties are flown by small units of the Luftwaffe against Russian airfields.

Durch den Überraschungsangriff werden eine große Anzahl russischer Flugzeuge, hier eine SB-2, am Boden vernichtet.

Taken by surprise this Russian SB-2 was destroyed on the ground.
▽

◁ In enger Zusammenarbeit zwischen Heer und Luftwaffe werden anhand von Aufklärerphotos die nächsten Angriffsschwerpunkte für die Kampfgeschwader festgelegt.
Air photos are used cooperatively by the Army and the Luftwaffe.

Zur Abwehr sporadisch angreifender russischer Bomber gehen mit den Heeresverbänden Flakzüge auf Selbstfahrlafette vor.
Self-propelled antiaircraft guns give direct support to advancing units of the army.
▽

◁ Nahaufklärer Hs 126 fordern durch Abwurf von Flugblättern zurückgehende sowjetische Truppenverbände zur Übergabe auf.

Short range reconnaissance planes drop leaflets on retreating Russian units.

Ebenfalls in rollenden Einsätzen starten Staffeln der ▷ Stukageschwader 1, 2 und 77 gegen russische Stellungen und Einzelziele. Ju 87B beim Betanken.

Refueling a Ju 87 before another sortie.

Während ein Ju 87-Schwarm vom Boden abhebt, rollen die nächsten Maschinen zum Start.

Ju 87's taxiing out for another mission.
▽

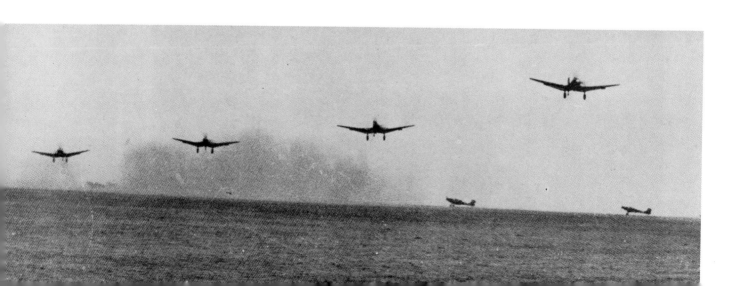

Die Treffgenauigkeit der Sturzbomber ist durch die Luftaufnahme einer angegriffenen russischen LKW-Kolonne im Nordabschnitt bewiesen.
Air photo showing the accuracy of a dive-bombing attack on a supply column.

Der Kdr. des VIII Fliegerkorps, Genmaj. W. von Richthofen ist mit seinem Fieseler »Storch« bei einem Divisionsstab gelandet, um mit den Offizieren des Heeres die erforderliche Erdunterstützung durch LW-Verbände zu koordinieren.

Maj. Gen. W. v. Richthofen lands near the battle area in his Fieseler "Storch" (stork) to discuss the situation with officers of the German Army.

Gut gegen Fliegersicht getarnt steht der Kübelwagen einer Flak-Batterie neben der Vormarschstraße.

A camouflaged vehicle alongside a main approach route.

Um freies Schußfeld zu haben wird eine 8,8 cm Flak mit Schwung und Hauruck von der Straße ab, in freies Feld geschleppt.

An 88 mm antiaircraft gun is moved into a defensive position by its crew.

Im Reihenwurf torkeln die Bomben aus den Schächten der Kampfflugzeuge.
Bombs tumbling down after their release from the bombers.

△
Dicht über der staubigen Vormarschstraße brausen He 111 des KG 53 auf ihr befohlenes Ziel, einen Flußübergang hinter der russischen Front zu.
He 111's of KG 53 cross the main approach road at low altitude.

◁ Die Treffer liegen auf der Anfahrtsstraße zur Brücke und dem Übergang selbst.
The bombs explode on the bridge.

Die längst veraltete Hs 123 bewährt sich bei Tiefangriffen auf Kolonnen wie in Polen und Frankreich, so auch an der Ostfront.

The obsolete Hs 123 still proves valuable for ground strafing.

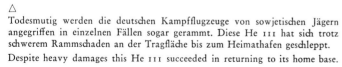

Todesmutig werden die deutschen Kampfflugzeuge von sowjetischen Jägern angegriffen in einzelnen Fällen sogar gerammt. Diese He 111 hat sich trotz schwerem Rammschaden an der Tragfläche bis zum Heimathafen geschleppt.

Despite heavy damages this He 111 succeeded in returning to its home base.

Im Südabschnitt der Ostfront ist das JG 52, anfangs von Liegeplätzen in Rumänien aus, eingesetzt. Besatzungen der III./JG 52 mit ihrem Gruppenabzeichen.

Crews of III/JG 52 with the emblem of their squadron.

Der erste russische Winter 1941/1942 stellt die Luftwaffe vor ernste Probleme im Bezug auf Wartung der Flugzeuge und Triebwerke. Eine Bf 109F wird frühmorgens für die Tageseinsätze vorbereitet.

Maintenance work on an Me 109 under winter conditions.

◁ Hinter einem Schneetraktor werden zwei SC 1000-Bomben auf einem Kufengestell an die Liegeplätze der Kampfflugzeuge geschafft.

Two SC 1000 bombs are carried to the bombers.

△ Der Panjeschlitten wird zum idealen und sichersten Verkehrsmittel auf den großflächigen Flugplätzen des Ostens.

This typical Russian sled is an ideal and reliable vehicle on the large airfields.

Es muß bei jedem Wetter geflogen werden, eine Parole, die besonders für Transportflieger ihre Gültigkeit hat. Ju-52-Besatzungen kämpfen sich durch dichtes Schneetreiben von der Flugleitung zu ihren Maschinen.

A crew of a Ju 52 struggles through a blizzard to their plane.
▽

Zum Rückstransport von Verwundeten ▷
in Heimatlazarette stellt die Luftwaffe
mehrere Sanitätsstaffeln mit Ju 52 Spezialflugzeugen auf.

The Ju 52 is also used as an ambulance plane.

Durch schnell umrüstbare Inneneinrichtung kann die Ju 52 heute Panzerfäuste neben- und übereinandergestapelt, am nächsten Tag einen Infanterietrupp transportieren.

The Ju 52 is a very versatile transport airplane.
▽

△
Immer mehr zeigt es sich, daß das Flugzeug im weiten russischen Raum als Transportmittel unentbehrlich ist. Verladen von Infanteriemunition in eine »Tante Ju«.

A Ju 52 is loaded with small arms ammunition.

△
Trotz des frühen Kälteeinbruches im Oktober 1941 fliegen die Stukas weiterhin ihre Einsätze gegen Nachschublinien der Sowjets. Ju 87D im Sturz auf eine Straßengabelung.

A Ju 52 in a dive-bombing attack on a road junction.

Immer wieder werden die russischen Flugplätze mit Bomben belegt, um die stärker auflebende Flugtätigkeit des Gegners einzudämmen.

Bomb explosions on a Russian air base.
▽

△
Der Ju 88A, mit größerer Eindringtiefe fällt die Aufgabe zu, Industriezentren und militärische Ziele im Hinterland anzugreifen. Sturzangriff einer Kette auf Befestigungen in Sewastopol.

A Ju 88 flies a dive-bombing attack on the fortifications of Sevastopol.

Durch Bomben am Boden zerstörte SB-2 auf ihren Abstellplätzen in einem Waldstück.

An SB-2 after being destroyed on the ground.

Oft kommen beschädigte deutsche Kampfflugzeuge gerade noch bis zum eigenen Platz, um dann bei der Landung Bruch zu machen. Brennende He 111H in Schatalowka-Ost.

An He 111 in flames near Schatalowka-East.

Ein Vergleich von Aufklärerphotos vor und nach dem Angriff läßt die Trefferlage und damit Erfolg oder Fehlschlag erkennen.

The result of the bombing raid is clearly seen by comparing the air photos before and after the attack.

Erstmals wird von Mitte Februar bis Mai 1942 für bei Demjansk eingeschlossene Verbände eine Kesselversorgung großen Stiles geflogen. Ju 52 beim Einflug in den Kessel.

From February to May 1942, the caldron of Demjansk is supplied from the air.

▽

△
Eine Angriffsserie von Stuka-Verbänden findet im Sept. 1941 gegen Schiffsziele in Kronstadt statt. Nah- und Volltreffer auf dem Schlachtschiff »Oktoberrevolution«.

The battleship "October Revolution" receives a direct hit.

Die Leitung der Versorgungseinsätze ▷ hat Oberst Fritz Morzik als Lufttransportführer 1.

Col. Fritz Morzik is in charge of the air supply mission.

Zum Entladen der auf dem einzigen Landeplatz im Kessel ▷
einfallenden Transporter stehen Personal und Panjeschlitten
bereit.

Soldiers and sleds are provided to unload the transport planes.

◁ Eilig werden Lebensmittel und Munition vom Flugzeug
auf die Schlitten umgeladen.

Food and ammunition are hastily loaded from the
plane onto the sleds.

Zum Schutz gegen Tiefangriffe während des Entladens
der Transportflugzeuge sind rings um den Platz 3,7 cm
Flak aufgestellt.

The supply airfield is protected against surprise raids
by 37 mm antiaircraft guns.

▽

◁ Kampfverbände verhindern durch ständige Angriffe auf Bereitstellungen und Verkehrsknotenpunkte ein Eindrücken des Kessels von Demjansk. He 111H mit SC 1000 im Anflug.
An He 111 carrying an SC 1000 bomb.

Die Bombe ist ausgeklinkt und rauscht in die Tiefe.
A bomb is released and tumbles down.
▽

Ju 87D-3 der II./ST.G.2 überfliegen die vorderste deutsche Linie zum Angriff auf eine Pontonbrücke.
Ju 87's cross the front line.

Ein Volltreffer reißt die Pontonbrücke auseinander, die Ju 87 hat abgefangen und zieht über dem Flußknie hoch.
A direct hit on a pontoon bridge after a dive-bombing attack.

◁ Eine Staffel des KG 55 belegt einen Bahnhof und abgestellte Güterzüge mit Bomben.

A squadron of KG 55 bombs a rail yard.

Züge und Bahnhofsgebäude sind getroffen. Eine He 111 ist ausgeschert, der Bordschütze macht im Tiefflug diese Bilder.

An He 111 takes pictures of the burning railway installations.

▽

◁ Tankwagen gehen hoch, eine schwarze Brandwolke hängt über dem angegriffenen Ziel.
Rising smoke over the bombed target.

Vom Feindflug zurück, werden sogleich ▷ Motor und Zelle gründlich nachgesehen und gewartet.
Maintenance work on the engine and the fuselage after the sortie.

Die Anzahl der Feindflüge steigt durch die laufenden Einsätze rapide an. Der 2500. bei der 7./KG 3 ist Grund für einen »Staatsempfang« der Jubiläums-Besatzung.

The 7/KG 3 celebrates its 2,500th mission.

Auf 4000 Einsatzflüge hat es die 4./KG 55 mit ihren He 111H gebracht.

The 4/KG 55 flew 4000 missions.

40 000 mal gegen den Feind ist für ein ganzes Geschwader keine Seltenheit.

Forty thousand sorties are no rarity for a wing.

△ Auch bei den Aufklärungsstaffeln werden Besatzungen, die die 1000 vollmachen, gebührend empfangen, wie diese Besatzung einer Hs 126 der 2./NAG 12.

After its 1000th mission, the crew of an Hs 126 of 2/NAG 12 is cheered.

Jubiläumsschluck für den Piloten des 1000. Feindfluges der ▷ 3.(H)-Staffel/21.

A crew member of 3(H)-squadron/21 celebrates its 1000th mission.

Im hohen Norden werden von einer F-Staffel des Ob.d.L. die sowjetischen Eismeerhäfen überwacht. Start einer Do 17P zum Aufklärungsflug.
A Do 17 P, takes off for a long distance reconnaissance flight from an airfield in northern Europe.

◁ Der vom Fernaufklärer aufgenommene Streifen wird bereits im gerade entwickelten Zustand auf seine Bildschärfe geprüft.
The latest air photo is evaluated.

Aufgrund der Filmauswertung werden die Kampfstaffeln auf das Ziel angesetzt. Auf dem Heimathorst wird während des Einsatzes der Flugweg ständig mitgekoppelt.
The course of the squadron is continuously checked by the home base. ▷

◁ Eines der Jägerasse an der Eismeerfront ist Fw. Rudi Müller vom JG 5, der nach 94 Luftsiegen seit 19. 4. 1943 bei Murmansk als vermißt gilt.
One of the fighter aces in the Arctic Ocean area was Sgt. Rudi Müller of JG 5 with 94 air victories.

Im Südabschnitt der Ostfront werden die Luftangriffe gegen
Sewastopol fortgeführt. Bombentreffer in den Hafenanlagen.
The harbor installations of Sevastopol are bombed.

Über dem Schwarzen Meer machen Kampf- und Zerstörerflug-
zeuge ständig Jagd auf sowjetische Nachschubschiffe. Von einer
Bf 110E ist ein Frachter in Brand geworfen.
In the Black Sea, a freighter is set afire after an attack from
an Me 110.

Im Süd- und Mittelabschnitt operiert das JG 52, in dem
Oberstltn. Hermann Graf innerhalb weniger Wochen eine un-
wahrscheinliche Abschußserie erzielt.
Lt.Col. Hermann Graf, the fighter ace of JG 52.

◁ Getarnte Bf 109G der II./JG 51 auf einem Feldflugplatz, beliebtes Angriffsziel russischer Schlachtflieger.

A camouflaged Me 109 of II/JG 51.

Beim Tiefangriff einer Il-2, im Landserjargon als »Zementer« bezeichnet, werden Flugplatzbaracken getroffen. ▷

Destroyed barracks after a groundstrafing attack from a Russian Il-2.

◁ Ein notgelandeter, und wieder auf das Fahrwerk gestellter »Zementer« vom Typ Il-2M3 mit Abwehrbewaffnung nach hinten.

The strange looking Russian Il-2 after an emergency landing.

△
Fw. Hans Döbrich II./JG 5
Sgt. Hans Döbrich of II/JG 5

◁ Lt. Hans Beißwenger II./JG 54
Lt. Hans Beißwenger of II/JG 54

◁ Oblt. Erwin Clausen I./JG 77
1st.Lt. Erwin Clausen of I/JG 77

Oblt. Alfred Druschel II./(S)/LG 2
1st.Lt. Alfred Druschel of II(S)/LG 2 ▷

Oblt. Erich Hohagen II./JG 51
1st.Lt. Erich Hohagen of II/JG 51
▽

Hptm. Anton Hackl II./JG 77
Capt. Anton Hackl of II/JG 77
▽

◁ Zur Bewältigung der ständig wachsenden Transportaufgaben werden ab 1942 Großraumtransporter an der Ostfront eingesetzt. Me 323D-2 bei einer Beladeübung.
The huge transport plane Me 323 used since 1942.

Mit der enormen Ladekapazität der 6-motorigen Me 323D ist es möglich, auch sperrige Güter zu transportieren. ▷
The six-engine Me 323 is capable of carrying bulky freight.

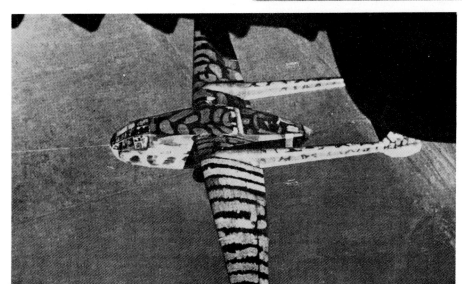

◁ Lastensegler, hier eine Go 242B, werden vielfach als Verlustgerät über Kesseln und den vorderen Linien abgesetzt.
A Go 242 cargo glider.

△ Immer mehr werden dort, wo Transportflugzeuge nicht landen können Versorgungsbomben an Fallschirmen abgeworfen.

Supply containers are dropped over areas with no landing strips.

◁ Zwei Versorgungsbehälter verschiedener Größe, in die von der Streichholzschachtel bis zum MG 42 alles hineingepackt werden kann.

Two supply containers of different size.

Zum Abtransport Schwerverwundeter fliegen ▷ die Ju's der Sani-Staffeln bis zu den frontnahen, verschlammten und verschneiten Flugplätzen.

Ambulance planes, Ju 52, on a soaked airfield in the battle area.

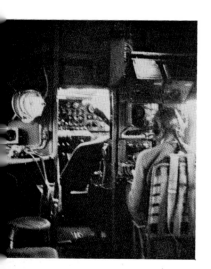

◁ Bei Versorgungsflügen unter schwierigen Wetterbedingungen hängt das sichere Auffinden des Bestimmungshafens viel vom Funker ab, der durch Einholen von Peilungen genaue Position und Kurs der Maschine bestimmt.

The radio operator is responsible for the exact course.

◁ Kolonnen und Truppenansammlungen sind beliebte Ziele der russischen Störflugzeuge, allgemein als »Nähmaschinen« bekannt, die meist in nächtlichen Flügen bei gedrosseltem Motor ihre Bomben aus geringster Höhe werfen.

Troop concentrations and columns are often bombed by the Russian aircraft known as the »Sewing Machine.«

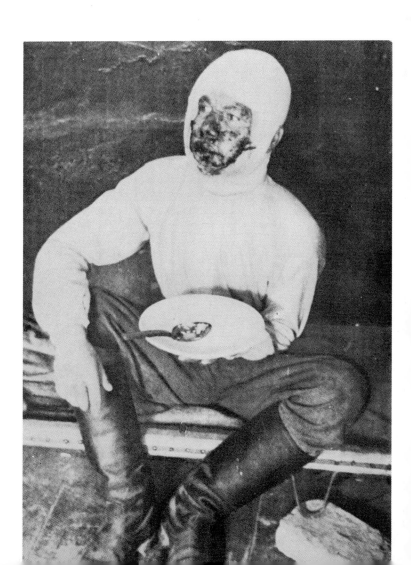

Bei der Notlandung verwundeter Pilot einer U-2. ▷
This pilot of a U-2 was injured in an emergency landing.

Bomben werden von Hand in den Bombenschacht einer He ▷
111H geheißt.

Bombs are loaded into the bomb bay of an He 111.

◁ Mehr und mehr wird die LW zur Unterstützung der Erdtruppen herangezogen. Die strategischen Einsatzmöglichkeiten werden damit zugunsten der taktischen Verwendung aus der Hand gegeben.

Now the major task of the Luftwaffe is to support the infantry.

Während des Zielanfluges wird mit ▷ Hilfe des Dreieckrechners der Kurs laufend kontrolliert.

The flight is controlled by the course and speed calculator.

◁ Bei Anflügen in großen Höhen, meist schon ab 4000 m, wird das Höhenatemgerät angelegt.

The breathing apparatus must be used at altitudes over 4000 m (12,000 ft).

Eine Gruppe He 111H des KG 27 belegt die Bahnhofsanlagen von Werchowje mit Bomben.

A group of He 111's of KG 27 bombs the railway installations of Werchowje.
▽

Wenn es die Luftlage zuläßt, werden ▷ beim Rückflug vom Einsatz Kolonnen und LKW mit dem MG FF im A-Stand der He 111H-16 bekämpft.

The bombardier of an He 111 fires on a motorized column.

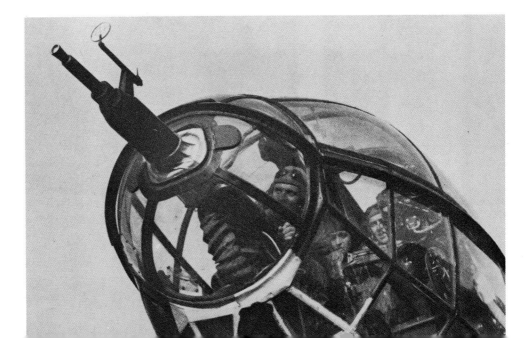

△
An der Nordfront richten sich die täglichen Einsatzflüge in erster Linie ebenfalls gegen den sowjetischen Nachschub. Ein Eisenbahnknotenpunkt an der Strecke Moskau-Leningrad im Bombenhagel.
A railway junction on the route Moscow-Leningrad in a hail of bombs.

Die abfliegenden Ju 88A des KG 3 lassen brennende und explodierende Anlagen und Güterzüge zurück. ▷
Burning and exploding railway installations after an attack of Ju 88's of KG 3.

◁ In unregelmäßigen Zeitabständen ist die russische Hauptstadt Ziel von Angriffen, die jedoch infolge der massierten Flak-Abwehr zu erheblichen Verlusten führen.
Time and again the Russian capital is the target of the Luftwaffe.

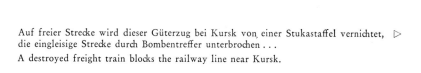

Auf freier Strecke wird dieser Güterzug bei Kursk von einer Stukastaffel vernichtet, ▷ die eingleisige Strecke durch Bombentreffer unterbrochen ...
A destroyed freight train blocks the railway line near Kursk.

Zur Reichweitenvergrößerung erhalten die Maschinen Zusatztanks unter den Tragflächen. Eine beladene Fw 190F-8/R 13 beim Warmlaufenlassen des Triebwerkes.
A fully loaded Fw 190 warms up its BMW 801 radial engine.
▽

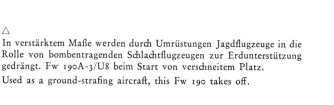

△
In verstärktem Maße werden durch Umrüstungen Jagdflugzeuge in die Rolle von bombentragenden Schlachtflugzeugen zur Erdunterstützung gedrängt. Fw 190A-3/U8 beim Start von verschneitem Platz.
Used as a ground-strafing aircraft, this Fw 190 takes off.

△
Immer aggressiver greifen die sowjetischen, schwer gepanzerten »Schlächter« Rollbahnen, Flugplätze und Bahnhöfe an. Leichte 2 cm-Flak bei der Abwehr eines Il-2 Angriffes.

An attack of a Russian Il-2 is repelled by a 20 mm antiaircraft gun.

△
Getroffen kippt die gegnerische Maschine über den Flügel ab und schlägt brennend neben einer Straße auf.

An enemy plane is shot down by antiaircraft gun fire and crashes near a street.

Neben der Luftabwehr findet schwere 8,8 cm Flak mehr und mehr im Erdkampf Verwendung. Hohe Vo und schnelle Feuerfolge machen die 8,8 zur Idealwaffe für Panzerbekämpfung. ▷

The 88 mm antiaircraft gun was also successful in action against tanks.

◁ Auf Eisenbahnwagen montiert rollt mobile Flak je nach Bedarf von einem zum anderen Frontabschnitt.

An 88 mm antiaircraft gun mounted on a rail road car.

Mitte November 1942 zeichnet sich die Einschließung der deutschen Verbände in Stalingrad ab, wo in den Industriebezirken der Stadt ein verbissener Mann-gegen-Mann-Kampf mit den Sowjets geführt wird. ▷

The battle for Stalingrad begins in the middle of November 1942.

Nach Einschließung der Stadt ab 23. 11. beginnt eine Luftversorgungsaktion größten Ausmaßes um den notwendigsten Nachschub einzufliegen. Ju 52 beim Start in Morosowskaja.
A Ju 52 takes off from Morosowskaja Airfield to supply Stalingrad.

In Ptomnik werden die gelandeten Maschinen schnellstens entladen und für den Rückflug mit Verwundeten belegt.
On their homeward trip the transport airplanes are used for casualty evacuation.

Trotz der vollkommen unzureichenden Versorgung wird im Kessel um jeden Fußbreit Boden erbittert gekämpft.
Both sides are engaged in fierce fighting.

◁ Die Absprungplätze außerhalb Stalingrads müssen, um den Flugbetrieb und damit die Weiterversorgung der eingeschlossenen Armee zu ermöglichen, gegen die anrennenden Sowjets verteidigt werden.

Advance airfields, from which the transport planes start to supply Stalingrad, have to be secured against Russian attacks.

Das abwechselnde Frost- und Tauwetter behindert die wenigen, zum Jagdschutz der Transportgruppen eingesetzten Jagdstaffeln in ihrer Einsatzstärke. Eine »abgesoffene« Bf 109G-6 des JG 3. ▷
Soaked airstrips complicate the support operations of the transport planes.

Trotz des Einsatzes aller verfügbaren Stukaverbände gelingt es nicht, den Ring um Stalingrad aufzubrechen.
Continous attacks flown by Ju 87's do not succeed in relieving the German forces in Stalingrad.
▽

◁ Angriff von Ju 87D des St.G.2 auf in einer Ortschaft aufgefahrene russische T 34.

In a village, concentrated Russian tanks, T 34, are attacked by Ju 87's of StG 2.

Die Wende im Feldzug gegen Rußland bahnt ▷ sich an. Die beginnenden Rückzugbewegungen müssen mit primitivsten Transportmitteln durchgeführt werden.

Improvised vehicles are in use due to a lack of motorized transport.

◁ Die Verluste unter den angreifenden deutschen Kampfverbänden wachsen durch intensivierte sowjetische Jagdabwehr ständig. Überschlag einer notgelandeten Ju 88A-4 des KG 3.

A Ju 88 nosed over after an emergency landing.

Wo sich noch die Möglichkeiten örtlicher Erfolgsaussichten bieten, werden mit Großraumtransportern Me 323D Verstärkungen in das Kampfgebiet geflogen.
Huge Me 323's bring reinforcements into the battle area.

Die Umrüstung einzelner Jagdverbände im Osten auf die Fw 190 schafft zeitweise etwas Luft gegen den zahlenmäßig überlegenen Gegner.
The Fw 190, a superior new fighter plane, on the Russian front.

Im Südabschnitt, wo die Front noch am langsamsten zurückweicht, gelingt es der Luftwaffe immer wieder, russische Vorstöße schon in der Bereitstellung zu zerschlagen.
On the southern part of the front, a concentration of Russian forces is destroyed.

Zur Aufnahme von Zielphotos werden den Jagdflugzeugen automatische Kameras untergehängt.

Automatic cameras are attached beneath the fuselage of fighter planes.

Durch Jägerbeschuß mußte diese Il-2M3 in der Nähe von Kiew notlanden.

This Il-2M3 was forced to make an emergency landing after a German fighter attack.

Deutlich ist das Abwehr-MG im hinteren Kabinenteil des Schlachtflugzeuges zu erkennen.

The tail gun is clearly seen.

△ Als Schnellbomber und Tiefangriffsflugzeug wird deutscherseits die G-Serie der Fw 190 entwickelt, und bei den SG's (Schlachtgeschwader) der Ostfront eingesetzt.

The Fw 190, frequently used as a ground-strafing fighter.

◁ Ein anderes Flugzeug zur Erdunterstützung ist die stark gepanzerte Hs 129 mit Kanonen- und Bombenrüstsätzen.

A specially-designed ground-strafing fighter is the heavily armored and armed Hs 129.

Ein Schwarm Hs 129 überfliegt nach ▷ einem Feindflug den Platz Apostolowo und löst zur Landung auf.

A flight of Hs 129 buzzes over the airfield of Apostolowo.

Aus dem Stuka Ju 87D wird durch Installation zweier 3,7 cm-Kanonen die Ju 87G, ein Flugzeug speziell zur Panzerbekämpfung.

The Ju 87 is equipped with two 37 mm guns and used as a tank destroyer.

Die Waffen der Ju 87G werden mit 6-schüssigen Stangenmagazinen vor dem Feindflug geladen.

Loading the six-shell magazines in the 37 mm guns of a Ju 87.

◁ Ein Bild von der erzielbaren Treffgenauigkeit der 3,7-Kanonen in der Ju 87G vermittelt dieses Photo zweier abgeschossener Sowjetpanzer.

These two destroyed tanks prove the high accuracy of the 37 mm guns.

Eine Staffel mit freiwilligen kroatischen Piloten wird dem erfolgreichen JG 52 als 15./JG 52 angegliedert. Bauchgelandete Bf 109G-6 dieses Verbandes. ▷

An Me 109, flown by a Croatian pilot, after an emergency landing.

Durch Wackeln beim Überfliegen des Platzes zeigt Lt. Woidisch von der I./JG 52 den Abschuß einer JAK-9 bei Nowgorodka an.

Lt. Woidisch of I/JG 52 buzzes over the airfield and annouces his victory over a JAK-9 fighter by wiggling the wings.
▽

Zu den Hilfslieferungen der USA an die Sowjetunion gehören auch Jagdflugzeuge vom Muster Bell »Airacobra«. Eine »kokelnde« »Airacobra« nach der Notlandung nahe Gatschina.

A smoking Bell Airacobra after an emergency landing near Gatschina. This aircraft was part of the American lend-lease program.

Die Platzflak von Pleskau-Süd hat eine SB-2 aus einem angreifenden Verband herausgeschossen. Die Trümmer schlagen zwischen abgestellten He 111 auf.

After being shot down by a German antiaircraft gun, this SB-2 crashes among parked He 111's.

◁ Auch die Einführung neuer und besserer Flugzeugmuster, wie hier Ju 188A, kann nicht mehr zu der einstigen Luftüberlegenheit an der Ostfront verhelfen.

The Ju 188A, a new bomber type, cannot regain control of the air on the eastern front.

Im Zuge der allgemeinen Rückzugsbewegungen ▷ werden Flugplatzanlagen und Unterkünfte von den deutschen Truppen gesprengt.

Upon the general retreat, the Germans blow up their airfield installations.

◁ Letzte eingekesselte Verbände werden aus Ungarn ausgeflogen. Die russischen Divisionen stehen an den Reichsgrenzen.

The last encircled German units in Hungary are evacuated by the German Luftwaffe.

Angriffe auf Schiffe im Kanal, auf Geleitzüge im Nordmeer und im Mittelmeer

26. 9. 1939
Do 18-Flugboot (Küstenfliegerstaffel 2./106) sichtet vier britische Schlachtschiffe, einen Flugzeugträger, Kreuzer und Zerstörer.
12.55 Uhr Start von I./KG 26 (He 111) und Bereitschaftskette von KG 30 (Ju 88). Der Angriff ist ein Fehlschlag, lediglich ein Blindgänger auf Schlachtkreuzer »Hood« und Nahtreffer bei Flugzeugträger »Ark Royal«. Propagandaministerium meldet Versenkung des Trägers.

9. 10.
Erneuter Angriff gegen die britische Flotte. Die meisten Staffeln finden die Schiffe nicht. Andere melden Treffer auf Kreuzern, die aber nicht bestätigt werden.

16. 10.
I./KG 30 Start gegen Liegeplatz der Flotte im Firth of Forth. Führerbefehl: Nicht angreifen, wenn Schiffe in Werft eingelaufen sind. »Hood« kann deshalb nicht gebombt werden. Blindgänger einer 500 kg-Bombe auf Kreuzer. Zwei weitere Treffer beschädigen Kreuzer »Southampton«, »Edinburgh« und Zerstörer.

17. 10.
Angriff gegen britische Kriegsschiffe in Scapa Flow. Massive Flakabwehr, britische Flotte jedoch ausgelaufen.

9. 4. 1940
Aufklärer melden 10.30 Uhr englische Schlachtschiffe und Kreuzer im Seegebiet vor Bergen (Norwegen). Es starten zum Angriff 41 He 111 (KG 26) und 47 Ju 88 (KG 30). Der Angriff dauert drei Stunden. 500 kg-Bombe trifft Schlachtschiff »Rodney«. Getroffen werden auch drei Kreuzer, ein Zerstörer wird versenkt.
Auch in den folgenden Monaten greifen Kampfgruppen britische Kriegs- und Geleitschiffe im norwegischen Seegebiet mit wechselndem Erfolg an.
Nah- und Fernaufklärer stehen pausenlos im Einsatz.

5. 5.
Zwei Arado Ar. 196 bomben das britische U-Boot »Seal« und kapern es.
Verstärkte Angriffe, meist mit 250 kg-Bomben, gegen Geleitzüge mit guten Erfolgen gegen anfangs noch ungenügende Abwehr. Bis 30. 8. 1940 versenkt die Luftwaffe ca. 500 000 BRT feindlichen Schiffsraum. Zahlreiche beschädigte Schiffe erreichen noch den Zielhafen, fallen aber für längere Zeit aus.

24. 10. 1940
FW 200 (I./KG 40) trifft das 42 348 BRT große Passagierschiff (Truppentransporter) »Empress of Britain« mit mehreren Bomben. Das schwer beschädigte Schiff wird zwei Tage später von »U 32« versenkt.
Die Abwehr auf den Geleitzügen verstärkt sich. Trotzdem weitere hohe Versenkungserfolge.

9. 2. 1941
2./KG 40 stößt nach Peilführung durch U-Boot auf britischen Geleitzug. Fünf Schiffe mit 10 000 BRT werden versenkt. Erstmals erfolgreiche Zusammenarbeit zwischen Luftwaffe und Kriegsmarine. Nach Versenkung weiterer Schiffe wird der Geleitzug schließlich aufgelöst.
Bekämpfung des Schiffsverkehrs rund um das südliche England. Jede Gelegenheit nutzend werden einzeln fahrende Schiffe und Geleite gebombt. Durch verstärkte Flakabwehr steigen die Flugzeugverluste, besonders bei Tiefangriffen, sprunghaft an. Im Juni 1941 werden Tiefangriffe im rechten Winkel zum Schiffsziel untersagt. Erfolge der FW 200 als Fernaufklärer, wobei U-Boote an feindliche Geleitzüge herangeführt werden.

26.–28. 5. 1941
Vergeblicher Versuch, Schlachtschiff »Bismarck« gegen Angriff der britischen Flotte zu schützen. Die Reichweite der deutschen Maschinen ist zu gering. He 111 und Ju 88: 900 km; FW 200: 1750 km. Lediglich später BV 222 und Ju 290 haben Reichweiten von über 2500 km.
218 eingesetzte Maschinen können trotz mehrerer Angriffe auf britische Schlachtschiffe der schwer getroffenen »Bismarck« nicht helfen.

12. 2. 1942
Durchbruch der deutschen Schlachtschiffe »Gneisenau«, »Scharnhorst« sowie des schweren Kreuzers »Prinz Eugen«, durch den Kanal unter starkem Einsatz und Schutz der Luftwaffe.

19. 8. 1942
Landeversuch britischer und kanadischer Truppen bei Dieppe: 106 englische Jäger und Bomber werden abgeschossen.

27. 6. 1942
Der Kampf gegen Geleitzüge verlagert sich in das Nordmeer. Luftflotte 5 (Oslo) unter Generaloberst Stumpff stehen zur Verfügung: KG 30, I.–III./KG 26, I./StG 5 (Ju 87), Küstenflieger-Gruppen 406 und 906 (He 115, BV 138-Flugboote), zwei Gruppen des JG 5 (Bf 109) I./KG 40, Fernaufklärer-Staffeln 1.(F)/22 und 1.(F)/124 sowie Wettererkundungsstaffel 6.
Geleitzug PQ 17 läuft von Island nach Murmansk aus. Zuvor waren die Geleitzüge PQ 13, PQ 15 und PQ 16 mehr oder weniger schwer getroffen worden.

4. 7.
5.00 Uhr. Erster erfolgreicher Angriff von He 115 (Küstenflieger-Gruppe 906). Mit Torpedos wird erste Versenkung erzielt.
19.30 Uhr. Angriff von Ju 88 (KG 30) erfolglos. Angriff von I./KG 26 mit Torpedos trotz schwerster Flakabwehr. Zwei Transporter werden versenkt.
21.33 Uhr funkt britische Admiralität: »Konvoi auflösen. Einzeln

russische Häfen anlaufen.« Daraufhin entfällt der Einsatz schwerer deutscher Kriegsschiffeinheiten, darunter Schlachtschiff »Tirpitz«.

5. 7.
KG 30 (Ju 88) greift mit aller Wucht den Geleitzug an. Mehrere Transporter sinken.

6.–10. 7.
Weitere Angriffe auf PQ 17. Insgesamt versenkt die Luftwaffe acht Schiffe und beschädigt sieben Transporter schwer, die später von U-Booten vernichtet werden. Aus den beiden von der Luftwaffe besonders hart angegriffenen Geleiten PQ 16 und PQ 17 geht an für Rußland bestimmtem Material verloren:
4100 Kfz., 580 Panzer, 270 Flugzeuge.

12. 8. 1942
Angriff auf den Geleitzug »Pedestal« im Mittelmeer. 15 Transportschiffe versuchen Nachschub für Malta nach La Valetta zu bringen, nur vier Schiffe erreichen den Hafen.

8. 9.
Geleitzug PQ 18 wird auf Höhe von Jan Mayen entdeckt.

13. 9.
KG 26 und 30 fliegen ersten Angriff auf das Geleit. Lufttorpedos treffen und versenken acht Transporter mit 45 000 BRT. Starke Flakabwehr, alle angreifenden Maschinen weisen Treffer auf.

14. 9.
Auf Befehl Görings greift KG 26 den beim Geleit stehenden Flugzeugträger »Avenger« mit 22 He 111 an. Durch Irrtum bei der Zielansprache wird der Geleitzug bei massiver Flakabwehr überflogen, danach vergeblicher Angriff auf den Träger. Fünf He 111 gehen verloren, neun weitere Maschinen sind schwer beschädigt. Der Geleitzug PQ 18 verliert 13 Schiffe durch Luft- und U-Boot-Angriffe.

Trotz dieser und weiterer schwerer Angriffe auf alliierte Geleitzüge bringen die Transporter im Jahre 1942 = 1 200 000 to Nachschub nach Rußland. Insgesamt werden in den russischen Nordmeerhäfen 1 880 Flugzeuge, 2350 Panzer, 8300 LKWs, 6400 Kfz und 2250 Geschütze sowie gewaltige Mengen weiteren Materials an Land gebracht.

Attacks on Ships in the English Channel, Convoys in the Norwegian Sea and the Mediterranean.

26 Sept 1939
A German flying boat, Do 18, (Coast Flying Wing 2/106) reports observing four British battleships, one aircraft carrier, cruisers and destroyers.
At 1255 hours, units of the I/KG 26 (He 111) and KG 30 (Ju 88) take off on a sortie. The attack fails; the battle cruiser *Hood* is hit by duds and the aircraft carrier *Ark Royal* is damaged by near misses. The German Ministry of Propaganda reports the aircraft carrier sunk.

9 Oct 1939
Raids are launched against the British Fleet. Most of the wings are not able to find the enemy boats. Unconfirmed hits on cruisers are reported.

16 Oct 1939
I/KG 30 attacks the British Fleet anchored in the Firth of Forth. Hitler orders that the ships are not to be attacked inside the shipyard. Therefore, the battle cruiser *Hood* cannot be bombed. Duds of 500 kg bombs (1100 lb) hit the cruisers. Two bombs damage the cruisers *Southampton*, *Edinburgh* and destroyers.

17 Oct 1939
British war ships at Scapa Flow are raided. The antiaircraft defense repells the Germans. The British Fleet has put to sea.

9 April 1940
At 1030 hours, reconnaissance planes report British battleships and cruisers at Bergen, Norway. The British are attacked by forty-one He 111's (KG 26) and forty-seven Ju 88's (KG 30) for three hours. One 500 kg bomb (1100 lb) hits the battleship *Rodney*; three cruisers are hit; one destroyer is sunk.
During the following months, German bomber groups repeatedly attack British war ships and convoys in the Norwegian Sea. Both sides suffer losses. Short and long-range reconnaissance planes are in action at all times.

5 May 1940
The British submarine *Seal* is bombed and captured by two Arado Ar. 196.
Concentrated raids mostly with 250 kg bombs (550 lb), are flown against the British convoys. In the beginning, the Germans are rather successful against the inadequate British antiaircraft defense. By 30 Aug. 1940, the Luftwaffe has sunk 550 000 gross registered tons of enemy tonnage. Many damaged ships can reach their destination, but they are out of action for some time.

24 Oct 1940
An FW 200 (I/KG 40) bombs the troop carrier, *Empress of Britain* (42,348 gross registered tons). Two days later the heavily damaged ship is sunk by the submarine U 32.
The defense of the British convoys is reinforced. Nevertheless, the Germans succeed in sinking many enemy ships.

9 Feb 1941
2/KG 40 encounters a British convoy after being directed by a German submarine. Five ships (11,000 gross registered tons) are sunk. This is the first successful cooperation between the Luftwaffe and the German Navy. The convoy is dispersed after more ships are sunk.
Raids are launched on ships south of England. Single ships and convoys are bombed. The losses of German planes, especially ground-strafing aircraft, rise due to the increasing power of the British antiaircraft defense. In June 1941 the Luftwaffe forbids strafing attacks that are flown other than lengthwise of the ships.
The long-range reconnaissance plane, FW 200, is successful in directing German submarines to enemy convoys.

26-28 May 1941
The British Fleet attacks the German battleship *Bismarck* which cannot be supported by the Luftwaffe due to the short ranges of its

aircraft. He 111's and Ju 88's have a range of 900 km, FW 200's – 1,750 km. (Later in the war – BV 222's and Ju 290's have a range over 2,500 km). Although 218 German aircraft fly several raids on the British battleship, they cannot save the heavily damaged *Bismarck*.

12 Feb 1942
The German battleships *Gneisenau*, *Scharnhorst* and the heavy cruiser *Prinz Eugen* break through the English Channel under the strong protection of the Luftwaffe.

19 Aug 1942
British and Canadian troops attempt a landing near Dieppe – 106 British fighter planes and bombers are shot down.

27 June 1942
The action against enemy convoys is moved to the Norwegian Sea. Airfleet 5 (Oslo) under General Stumpff has the following groups available: KG 30, I–III/KG 26, I/StG 5 (Ju 87), Coast Flying Groups 406 and 906 (He 115, BV 138 flying boats.), two groups of JG 5 (Me 109), I/KG 40, Long-Range Reconnaissance Wings 1(F)/22 and 1(F)/124 as well as Weather-Reconnaissance Flight 6. The British convoy PQ 17 is moved from Iceland to Murmansk. The convoys PQ 13, PQ 15 and PQ 16 were hit and damaged earlier.

4 July 1942
At 0500 hours, He 115's of Flying Coast Group 906 are able to sink a British ship with torpedos. At 1930 hours, the attack by Ju 88's (KG 30) fails. Then, I/KG 26 sinks two transport ships with torpedos in spite of the heavy British antiaircraft fire. Radio message of the British Admiralty at 2133 hours: "Disperse convoy. Approach Russian harbors separately." Therefore, the heavy German war ships, among them the battleship Tirpitz, are not put into action.

5 July 1942
KG 30 attacks the British convoy with considerable force. Several transport ships are sunk.

6–10 July 1942
The raids on PQ 17 are continued. Altogether, the Luftwaffe sinks eight ships and damages seven transport ships later destroyed by German submarines. The two British convoys PQ 16 and PQ 17 lose the following equipment intended for Russia: 4,100 vehicles, 580 tanks, 270 aircraft.

12 Aug 1942
The British convoy *Pedestal* is raided in the Mediterranean Sea. Only four out of the fifteen transport ships with supplies for Malta reach the harbor at La Valetta.

8 Sept 1942
The British convoy PQ 18 appears near Jan Mayen.

13 Sept 1942
The first raids on this convoy are flown by KG 26 and 30. Eight transport ships with 50,000 gross registered tons are hit and sunk by aerial torpedos. All attacking aircraft are hit by the heavy anti-aircraft defense.

14 Sept 1942
Göring orders the KG 26 to attack the escorting aircraft carrier *Avenger* with twenty-two He 111's. Due to an incorrect target designation, the unit flies over the convoy and receives heavy anti-aircraft fire. A new attack on the aircraft carrier fails. The Germans lose five He 111's; nine aircraft are badly damaged. The convoy PQ 18 loses thirteen ships through air and submarine attacks.

In spite of these and other heavy attacks on Allied convoys, the transport ships are capable of providing the Russians with 1,300,000 tons of supplies in the year 1942. Altogether, the Russian harbors in the Norwegian Sea receive 1,880 aircraft, 2,350 tanks, 8,300 trucks, 6,400 vehicles and 2,250 guns, as well as huge quantities of other military equipment.

Schiffwracks vor der Küste Nordfrankreichs sind Zeugen der ersten Erfolge der Luftwaffe gegen die Schiffahrt der Engländer im Kanal.

British shipwrecks testify to the ability of the Luftwaffe along the northern coastline of France.

Eine Hs 126 der Küstenüberwachung überfliegt ein, auf einer Sandbank aufsitzendes, versenktes englisches Vorpostenboot.

An Hs 126 short-range reconnaissance plane flies over a sunken British patrol boat.

Erste schwere Angriffe gegen die englische Flotte werden im Sept. 1939 geplant und durchgeführt; He 111-Besatzungen in Schwimmwesten erwarten den Startbefehl.

The crews of the He 111 bombers with life jackets waiting for orders.

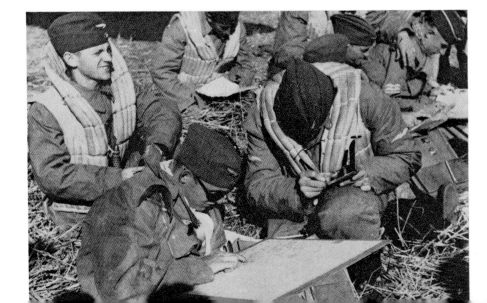

Vor dem Einsatz werden Ju 88A der I./KG 30 für den langen Flugweg mit Treibstoff vollgetankt.
Ju 88's of I/KG 30 are refueled for the next sortie.

◁ Ein eigener Küstenbewacher kreuzt den Flugweg der He 111 des KG 26.

An He 111 crossing the route of a German patrol boat.

◁ Dicht gestaffelt wird der gemeldete gegnerische Schiffsverband angeflogen.

A group of bombers flies toward the reported convoy.

Der Flugzeugführer des Kampfflugzeuges beobachtet gespannt den Horizont, wo die Rauchfahnen der Schiffe auftauchen müssen.

The bomber pilot looks for smoke streamers on the horizon announcing enemy ships.

Während des Anfluges ist Funkstille befohlen; so bleibt dem Bordfunker Zeit für ein Nickerchen.

A little nap before the attack.

Gegen überraschende Jägerangriffe von Flugzeugträgern aus sichert der Bordschütze im B-Stand der He 111 nach hinten.

The gunner in the open dorsal position of this He 111 protects the airplane against surprise attacks from the rear.

◁ Beim Bombenwurf auf die Schiffe werden hier lediglich Nahtreffer erzielt, der Angriff bleibt ohne Erfolg.

No direct hit; this attack failed.

Groß wird von der deutschen Presse der ▷ Angriff gegen die britische Flotte am 16. 10. 1939 im Firth of Forth herausgebracht. Die erzielten Erfolge, Treffer auf Kriegsschiffe – aber keine Versenkungen, werden stark aufgebauscht.

Although no ships were sunk, the attack of the German Luftwaffe on the British fleet anchored in the Firth of Forth on 16 Oct. 1939 made headlines in the German newspapers.

◁ Hptm. Doench (5. v. li.) mit Besatzungen der I./KG 30 nach einem weiteren Angriff, mit nur Teilerfolgen gegen Scapa Flow am 17. 10. 1939.

Capt. Doench (fifth from left) with crews of I/KG 30 after an attack against Scapa Flow on 17 Oct. 1939.

△ Unter dem »Fliegerführer Atlantik« starten ab Herbst 1940 mit großem Erfolg FW 200-Behelfs-Fernkampfflugzeuge gegen Geleite und Einzelfahrer im Atlantik.

Since fall 1940, this FW 200 was used as a long-range bomber and as a long-range reconnaissance plane for naval warfare.

◁ In Nordnorwegen stehen auf den Plätzen Banak und Bardufoss Kampfverbände der Luftfl. 5 zur Bekämpfung von Eismeer-Geleitzügen bereit. Ju 88A-4 des KG 30.

Ju 88's of KG 30 on airfields in northern Norway ready for attacks on convoys in the Arctic Ocean.

Unter Tarnnetzen eine He ▷ 111H der 5./KG 26. Die Einsatzbereitschaft dieser Verbände mußte stündlich gewährleistet sein.

An He 111 of 5/KG 26 under cover of a camouflage net.

Durch das harte Klima auf den Flugplätzen nahe am Nordkap wird die Wartung der Flugzeuge ungemein erschwert, um so mehr als nicht genügend Hangars zur Verfügung stehen.
Maintenance work under winter conditions on an airfield near the North Cape.

Von Katapultschiffen aus werden Fernaufklärungsflugboote BV 138C zur Überwachung des Gebietes zwischen Norwegen und Spitzbergen gestartet.
This BV 138 flying boat is launched from a ship for a long distance reconnaissance sortie.

Mit dem Fernglas überwacht der Beobachter einer BV 138 die Meeresfläche.
The observer of a BV 138 on duty.

◁ Im Heckstand des doppelrumpfigen Flugbootes ist der Bordschütze bereit, angreifende Jäger abzuwehren.

The gunner in the tail-mounted machine gun position of a flying boat.

He 111-Besatzung des KG 26 sucht aufgrund einer Aufklärermeldung den Standort des erkannten Geleitzuges auf der Karte. ▷

An He 111 crew of KG 26 locates an enemy convoy on the map.

Mit Bomben und Treibstoff überladene Ju 88A hebt mit sog. R-Geräten, einer Raketenstarthilfe, vom Boden ab.

A Ju 88 takes off with jato assist.
▽

◁ Nach langem Flug über See kommen die ersten Schiffe des Geleitzuges in Sicht.
After a long flight over the sea, the first ships of the convoy come into sight.

Heftiges Abwehrfeuer der Begleitschiffe schlägt den anfliegenden Maschinen entgegen.
Heavy antiaircraft gun fire from the ships is directed against the attacking aircraft.
▽

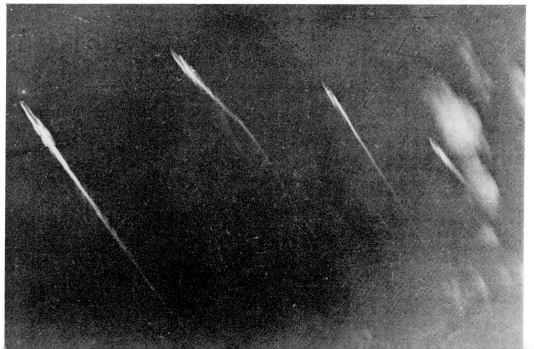

◁ Noch laufen die Frachter mit voller Fahrt geraden Kurs.
The freighters run with full speed.

Der Bombenschütze stellt am Abwurfautomaten Reihenfolge und zeitliche Abstände der abzuwerfenden Bombenserie ein.
The bombardier adjusts the bomb sight.
▽

△
Beim Angriff auf das Geleit beginnt jedoch ein wildes Zickzack-Fahren der Schiffe um einen gezielten Bombenwurf zu erschweren.
The freighters zigzag to avoid a hit by the bombs.

Ein bereits getroffenes Schiff wird beim Wegdrücken überflogen.
One ship is hit.
▽

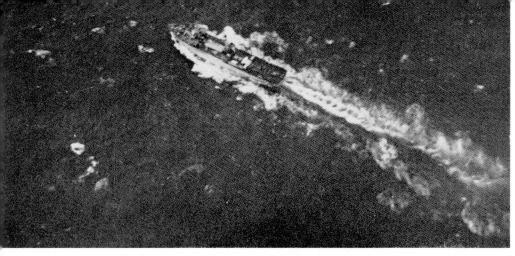

◁ Von einem bewaffneten Frachter jagen der angreifenden Maschine M-Flakgeschosse entgegen.
The automatic weapons of a freighter are fired at the attacking bomber.

Nach Backbord zackt ein Frachtdampfer ▷
ab, um aus der Ziellinie zu kommen.
A freighter turns to the port side to avoid a bomb hit.

Ein Nahtreffer bringt die See um das angegriffene Schiff zum Kochen.
A near miss churns the water around the ship.
▽

Beim Abflug zeigen Rauchwolken getroffene und brennende Schiffe des zersprengten Geleitzuges an.

After the attack – burning and sinking ships of the dispersed convoy.

Ein Teil der beschädigten und nachhängenden Frachter wird von U-Booten der Kriegsmarine endgültig versenkt.

The ships that stay behind the convoy are destroyed by German submarines.

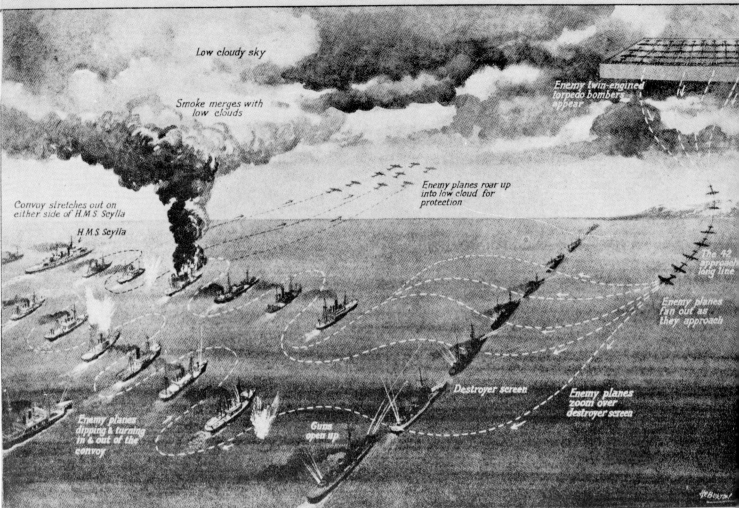

△
Englische Darstellung eines Fliegerangriffes auf ein Geleit.
An attack on a convoy as seen by the British.

Der Jagdschutz der Flugplätze Banak und Bardufoss wird von Teilen des JG 5 gestellt. Eine Bf 109F mit Maskottchen, Staffel- und Gruppenzeichen der 8. III/JG 5.

The Me 109's of JG 5 give air support to the bombers. Shown are the wing and group insignia and the mascot of 8. III/JG 5.

▷

Die schwerste gegen ungepanzerte Schiffsziele eingesetzte Bombe ist die SC 1800, die unter dem Rumpf der He 111H geschleppt wird.

The SC 1800 is a special bomb used against ship targets.

▽

◁ Die Erprobung des bei Geleitzugangriffen verwendeten Torpedos LTF 5 wird auf dem Torpedowaffenplatz Gotenhafen-Hexengrund durchgeführt. Eine He 111H kurz nach Abwurf des Torpedos.

An He 111 after launching a torpedo at a naval proving ground.

Der LTF 5 ist ins Wasser eingetaucht und läuft ▷ auf sein Ziel zu, die He 111 steigt weg.

After the torpedo has submerged, it heads toward its target.

Der Krieg in Italien 1943-1945

10. 7. 1943
Landung der Alliierten auf Sizilien mit 2725 Schiffen, unterstützt von 4250 Flugzeugen (Operation »Husky«). Zwei deutsche Divisionen versuchen die Landung zu verhindern, an einer Stelle gelingt es, die Angreifer auf die Schiffe zurückzutreiben. Die Panzerdivision »Hermann Göring« wehrt sich erbittert gegen die Ausweitung des Landekopfes. Nach 38 Tagen werden die deutschen Truppen, denen die geschwächte Luftwaffe nur noch wenig Unterstützung gegen die absolute Luftüberlegenheit der Alliierten geben kann, über die Straße von Messina zurückgenommen.
Der Übergang über die Straße von Messina war nur durch die starke Flakmassierung möglich.

3. 9.
Verbände der 8. britischen Armee landen bei Reggio und Tarent.

8. 9.
Die italienische Regierung kapituliert.

9. 9.
Die 5. US-Armee landet bei Salerno. Hinhaltender deutscher Widerstand, bis die englische Landung bei Termoli zur Krise und zum Rückzug führt. Verwendung von ferngelenkten Gleitbomben gegen alliierte Schiffe. Zahlreiche z. T. schwere Schäden.

1. 10.
Die Alliierten erobern Neapel. Gen.Feldm. Kesselring wird Oberbefehlshaber der in Italien kämpfenden deutschen Truppen. Die 1. Fallschirmjäger-Division steht seit Sizilien in hartem Erdeinsatz. Neue alliierte Landungen erzwingen den Rückzug der deutschen Truppen auf die »Gustav-Linie«. Die Luftwaffe kämpft gegen die überwältigende Übermacht einen verzweifelten Kampf und kann den schwerringenden Erdtruppen nur gelegentlich Entlastung bringen.
300 Flugzeuge der Luftwaffe und der italienischen Fliegerverbände stehen nach Aussage von Gen.Feldm. Kesselring 5000 anglo-amerikanischen Maschinen gegenüber.

3. 10.–12. 11. 1943
Fallschirmjäger erobern die Inseln Kos und Leros im östlichen Mittelmeer zurück.

22. 1. 1944
Landung der Amerikaner bei Anzio und Nettuno.

10. 2. 1944
Gegenangriff der 14. Armee gegen den Landekopf, der fast zum Erfolg führt, zuletzt aber durch den Einsatz der schweren Schiffsartillerie abgewehrt wird. Die 4. Fallschirmjäger-Division zeichnet sich bei diesen Kämpfen besonders aus.
Schwere Niederlage der angreifenden Amerikaner beim Versuch, den Landekopf Nettuno auszuweiten.

15. 2.
Amerikanische Bomber legen das Kloster Monte Cassino in Trümmer. In der ersten Monte Cassino-Schlacht werden die Alliierten blutig abgewiesen. Die zweite Schlacht eröffnen die Alliierten mit dem Einsatz von 600 Bombern und 750 Geschützen. Die Verteidiger, besonders die Fallschirmjäger der 1. Fallschirmjäger-Division halten gegen die anrollenden Angriffe die zerbombten, zerwühlten Stellungen. Der englische General Sir Herold Alexander telegrafiert an Churchill: »... Die Widerstandskraft der deutschen Fallschirmjäger ist außerordentlich bemerkenswert, denn man muß bedenken, daß sie sechs Stunden lang dem Bombardement unserer gesamten hiesigen Fliegerkräfte und dem Beschuß von annähernd 800 Geschützen ausgesetzt waren, dem stärksten Trommelfeuer, das jemals vorgenommen worden ist. Ich bezweifle, ob es auf der Welt eine zweite Truppe gibt, die das überstehen und nachher mit der gleichen Verbissenheit weiterkämpfen würde, wie diese Leute.« Zur dritten Schlacht treten die Alliierten mit 16 voll ausgerüsteten Divisionen gegen vier geschwächte und ausgeblutete deutsche Divisionen an. 2000 Geschütze feuern auf die deutschen Stellungen. Französischen Truppen gelingt der Durchbruch südlich des Monte Cassino.

18. 5. 1944
Rückzug der deutschen Truppen, dabei kampflose Aufgabe Roms, bis in die »Gotenstellung«, nördlich Florenz.
In den Tagen der Aufgabe von Rom stehen täglich 8 bis 64 einsatzbereiten deutschen Jägern 1100 bis 1400 alliierte Jagdmaschinen gegenüber. Südlich Rom leistet die Flak im Erdkampf verbissenen Widerstand.
Während der Rückzugskämpfe und während sich die Amerikaner von einem Abwehrriegel zum anderen »durchbomben«, zeichnen sich die 1., 2. und 4. Fallschirmjäger-Division wiederholt aus. Einheiten der Luftwaffe versuchen immer wieder trotz sich ständig verstärkender alliierter Luftüberlegenheit in die Kämpfe einzugreifen, die schließlich in einer Linie südlich von Trient mit dem Waffenstillstand ihr Ende finden.

The War in Italy – 1943–1945

10 July 1943
The Allies land in Sicily with 2,725 ships supported by 4,250 aircraft (Operation Husky). Two German divisions try to halt the landing. At one point, they are able to drive the enemy back to the ships. The Panzerdivision "Hermann Göring" fights fiercely to prevent the expansion of the beachhead. The Allies have gained complete control of the air, so that the weakened Luftwaffe is not

able to give any major support to the infantry. The German troops retreat to the streets of Messina after thirty-eight days.

3 Sept 1943
Units of the 8th British Army land near Reggio and Tarent.

9 Sept 1943
The Fifth US Army lands near Salerno. German resistance lasts until the British landing near Termoli forces them to retreat.

1 Oct 1943
The Allies conquer Naples. Feldmarschall Kesselring is appointed high commander of the German troops fighting in Italy. The 1st Parachute Division has been engaged in heavy ground fighting since the Allied landing in Sicily. New Allied landings drive the Germans back to the Gustav Line. The Luftwaffe fights desperately against the superiority of the Allies.

22 Jan 1944
The Americans land at Anzio and Nettuno.

10 Feb 1944
The German Fourteenth Army launches a counterattack against the beachhead, but it is driven back by heavy naval artillery. The 4th German Parachute Division mounted a tough defense. The Americans are defeated in their attempt to expand the beachhead at Nettuno.

15 Feb 1944
American bombers wreck the monastery of Monte Cassino. The Allies are violently repelled in the first battle of Monte Cassino. The second battle is opened by the Allies with 600 bombers and 750 guns. The 1st Parachute Division holds its bombed and battered positions against repeated attacks. The following cable is sent to Churchill by the British Gen. Sir Harold Alexander: "... The tenacity of these German paratroops is quite remarkable, considering that they were subjected to the whole Mediterranean Air Force plus the better part of eight hundred guns under greatest concentrations of fire-power which has ever been put down and lasting for six hours. I doubt if there are any other troops in the world who could have stood up to it and then gone on fighting with the ferocity they have ...«

For the third battle, the Allies put sixteen well-equipped divisions into action against four weakened German divisions. The German positions receive a bombardment from 2000 guns. French troops succeed in breaking through the German lines south of Monte Cassino.

18 May 1944
The Germans retreat to the Goten Line north of Florence. Rome is abandoned without a fight. The German Parachute Divisions 1, 2 and 4 continue to battle fiercely during the retreat. When an armistice is signed, units of the Luftwaffe still engage in the battle, (which finally ended south of Trient) despite the superiority of the Allies.

Mit einem Feuerhagel schwerer Schiffs- ▷
geschütze auf die vorgesehenen Lande-
stellen beginnt der alliierte Angriff auf
Sizilien.

The invasion of Sicily is launched by
a barrage from heavy Navy guns into
the landing zone.

◁ Truppen des Heeres und Erdkampfverbände der LW leisten
dem gelandeten Gegner erbitterten, aber von vornherein aus-
sichtslosen Widerstand.

Forces of the German Army and units of the Luftwaffe in a
hopeless defensive battle against the invading Allies.

Eine schwere Flakbatterie auf dem italienischen Festland schießt
Sperre gegen einen der pausenlos einfliegenden amerikanischen
Kampfverbände.

This heavy antiaircraft gun battery in Italy directs its fire
against American bombers flying repeated missions.
▽

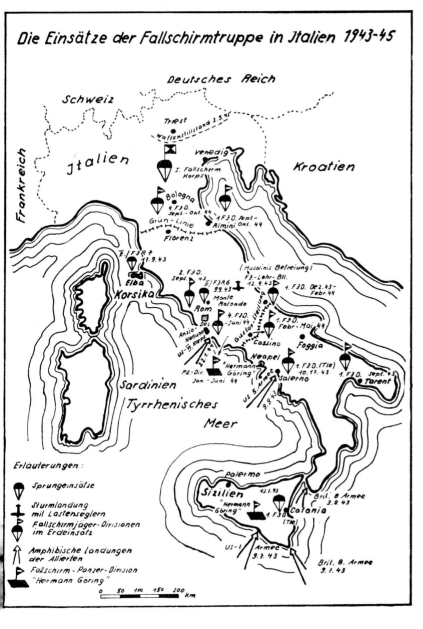

◁ Einen Überblick über die Erdeinsätze der deutschen Fallschirmtruppe gibt die gezeigte Kartenskizze.

The map depicts the areas where German airborne units took part in ground fighting.

Echte Fairness unter den Gegnern zeigt sich noch im Anfangsstadium der Anlandungen. Ein verwundeter »Tommie« wird von Fallschirmjägern aus der Hauptkampflinie geschafft. ▷

A wounded British soldier is carried from the battle area by German parachutists.

Nach der Preisgabe Süditaliens wird im mittelitalienischen Raum eine neue Verteidigungslinie aufgebaut, in der der Monte Cassino zum heiß umkämpften Schwerpunkt werden soll.

After having abandonned southern Italy, "Monte Cassino" becomes the key point for the Germans in the central part of Italy.

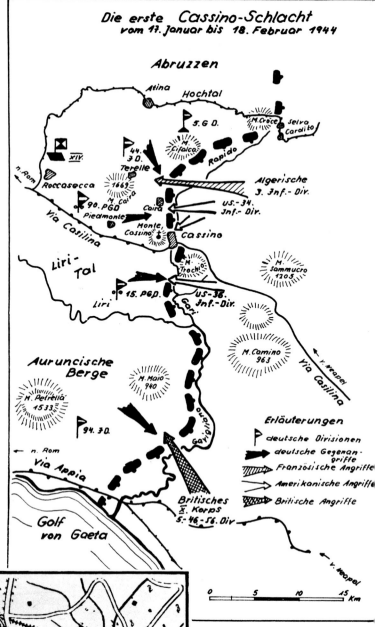

Lageplan von Berg und Kloster Monte Cassino mit der in Serpentinen hochgeführten Zufahrtsstraße.

Shown is the position of the mountain and monastery of Cassino.

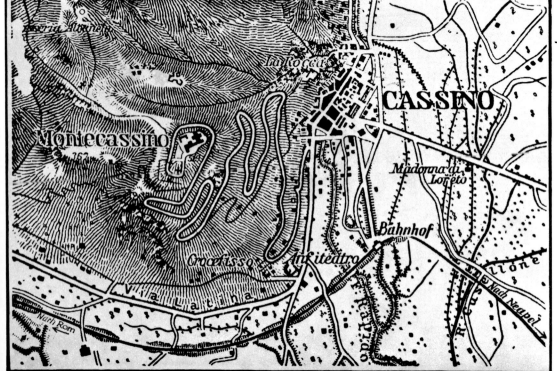

Die Basilika des Klosters mit ihrem reichen Innenausbau vor der Zerstörung durch US-Bomberverbände und Artilleriebeschuß.

The basilica of the monastery before its destruction by American bombers.

Schwere Angriffe amerikanischer Bomberverbände treffen die Stadt Cassino, in der die Alliierten deutsche Truppenmassierungen vermuten.

Heavy American bombing raids are directed against the town of Cassino which is suspected to be occupied by German troops.

△
Ein vernichtendes Bombardement legt am 15. Februar 1944 das Kloster auf dem Gipfel des Monte Cassino in Trümmer.

Massed air power battered and ruined the monastery on the peak of Mount Cassino on 15 February 1944.

Das Luftbild zeigt die Kraterlandschaft in und um Cassino nach mehrwöchigem Beschuß und Bombardierung.

Airphoto showing the shelled terrain of Cassino following the severe bombing and shelling.
▽

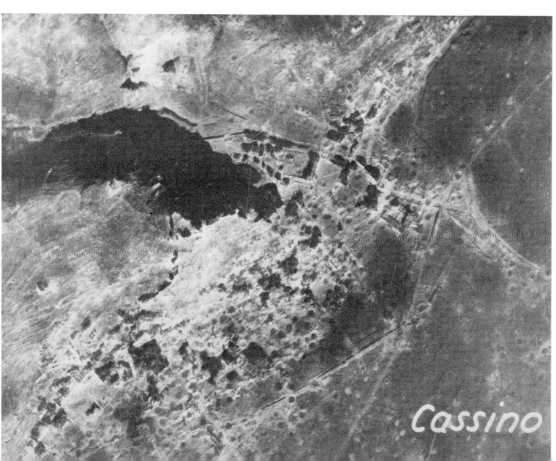

◁ Häuserreste der ausgestorbenen Stadt vor dem Monte Cassino und der Silhouette des Klosters im Hintergrund.
The devastated town of Cassino.

Nach Räumung der Klosterruinen verschanzen ▷ sich deutsche Fallschirmjäger in den Trümmern und leisten den angreifenden alliierten erbitterten Widerstand.
German parachutists fanatically defend the ruins of the monastery.

Situationskarte der »Gustav-Stellung« vor der dritten und entscheidenden Angriffsaktion der Verbündeten Mitte Mai 1944.

Sketch showing the Gustav-Line before the third decisive attack of the Allies in the middle of May 1944.

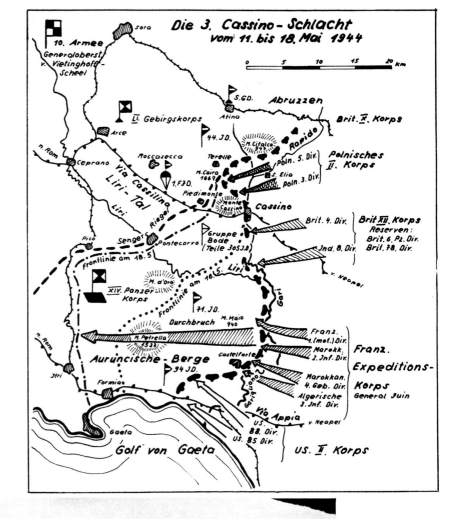

Die Behauptung, das Kloster Monte Cassino sei während der vernichtenden Bombardierung am 15. 2. 1944 von deutschen Truppen besetzt gewesen, wird durch diese Erklärung des Verwalters der Abtei widerlegt.

The administrator of the monastery denies the statement of the Allies that Monte Cassino was occupied by German troops on 15 February 1944.

Nach dem Sturz Mussolinis durch Marschall Badoglio werden mit den Alliierten kooperierende italienische Truppenteile entwaffnet und gehen in Gefangenschaft.

The Germans disarm Italian troops after their surrender.

Mit Hilfe von Lastenseglern gelingt in einem kühnen Handstreich die Befreiung des entmachteten, auf dem Gran Sasso festgehaltenen Duce durch Fallschirmjäger. Die Würfel in Italien sind jedoch bereits gefallen, der endgültige Zusammenbruch der Südfront ist nicht aufzuhalten.

German parachutists liberate Mussolini, who was arrested in a hotel on the Gran Sasso, in a surprise raid.

Die Invasion

6. 6. 1944
Beginn der Invasion.
Zwei englische und zwei amerikanische Luftlandedivisionen werden in der Nacht vom 5./6. Juni im Invasionsraum abgesetzt. Schweres Bombardement der Küstenabschnitte. In den Morgenstunden Landung alliierter Truppen. Zur Abwehr stehen der deutschen Führung 48 Infanterie-Divisionen, 10 Panzer- und Panzergrenadier-Divisionen – z. T. jedoch weit im Hinterland stationiert – zur Verfügung.
Die Luftflotte 3 (IX., X., II. Fliegerkorps, 2. Fliegerdivision, II. Jagdkorps, Aufklärergruppe 122) meldet 481 Flugzeuge einsatzbereit. Tatsächlich können am Invasionstag nur 319 Maschinen, davon ca. 90 Jäger der JG 2 und 26 aufsteigen. Die Alliierten werfen 12 837 Flugzeuge in den Kampf:
5 409 Jäger, 1 467 schwere Bomber, 1 645 leichte und mittlere Bomber, 860 Lastensegler und 1 500 Transportflugzeuge. Gegen die ca. 3 200 einsatzbereiten alliierten Jäger kämpfen die Jagdgeschwader »Richthofen« und »Schlageter« gegen eine 30fache Übermacht. Die rollenden alliierten Bomber- und Jaboangriffe erschweren das Heranziehen weiterer Jagdverbände aus dem Reich. Die Ausweitung der Landeköpfe kann gegen den massierten alliierten Jagdschutz nicht wesentlich gestört werden.
12. 6. 1944
Erster größerer Einsatz deutscher Jäger. Verzweifelter Kampf gegen die gewaltige Überlegenheit der Alliierten in der Luft. Bis Ende Juni 1944 fallen an der Invasionsfront ca. 1000 deutsche Jagdflieger. Die Kampfkraft der Verbände sinkt rapide. In der ersten Woche fliegen die Alliierten 49 000 Einsätze, werfen 42 000 to Bomben und verlieren 532 Flugzeuge. Die alliierten Maschinen bomben ihren Erdtruppen durch taktischen Einsatz von Meter zu Meter den Weg nach vorn. Gegen diese Materialüberlegenheit bleibt auf die Dauer die tapfere Gegenwehr der Erdtruppen und der unermüdliche Einsatz der mehr und mehr dahinschwindenden Verbände der Luftwaffe wirkungslos. Bis zum 6. 7. fliegen die Alliierten 158 000 Einsätze. Durch Flak und Jäger müssen sie dennoch einen Verlust von 1 284 Maschinen hinnehmen.
Die deutschen Jäger fliegen laufend und immer wieder wirkungsvolle Tiefangriffe gegen alliierte Panzer- und motorisierte Kolonnen. Beim Angriff deutscher Panzer auf die Panzerarmee General Pattons sollen 300 Jäger den Luftraum abschirmen, werden aber gleich nach dem Start in verlustreiche Luftkämpfe verwickelt. Der ständige Verschleiß im Kampf gegen die vielfache Übermacht führt zum Einsatz junger, noch nicht voll ausgebildeter Piloten.
29. 7. 1944
Die Alliierten haben 1,5 Millionen Mann gelandet.
15. 8.
Alliierte Landungen in Südfrankreich, darunter Absprung von 5000 Fallschirmjägern.
16. 8.
Die Engländer brechen von Caen nach Falaise durch.
25. 8.
Die Alliierten ziehen in Paris ein.
30. 8.
Die Alliierten überschreiten die Seine, nehmen am 3. 9. Brüssel, am nächsten Tag Antwerpen und am 6. 9. Lüttich.
Im Zuge der Kampfhandlungen auf der Erde werden die stark angeschlagenen Geschwader immer mehr nach rückwärts verlegt. Am 3. 9. z. B. liegt JG 26 im Raum Krefeld. Der Nachschub an Reserven und Material für die Erdtruppen ist auf die wenigen Nachtstunden beschränkt. Trotz hoffnungsloser Unterlegenheit erzielen die eingesetzten Jagdgruppen immer wieder hohe Abschußergebnisse.
11. 9. 1944
Die alliierten Truppen erreichen die Reichsgrenze nördlich Trier. Aachen geht am 21. 10., Straßburg am 23. 11. 1944 verloren.
3. 12. 1944
Die amerikanischen Truppen brechen bei Saarlautern in den Westwall ein. Der Endkampf um das Reich beginnt.

The Invasion

6 June 1944
The beginning of the invasion.
Two British and two American airborne divisions are dropped in the area of the invasion during the night of 5–6 June 1944. The coast is heavily bombed. The Allied troops begin landing during the morning. Deployed over a wide area, the Germans have forty-eight infantry divisions and ten tank divisions available for the defense.
Airfleet 3 (IX, X, II Fliegerkorps, 2 Fliegerdivision, II Fighter Corps and Reconnaissance Group 122) reports 481 aircraft ready for action. On the day of the invasion, however, only 319 aircraft (among them 90 fighters of JG 2 and 26) take off. The Allies have 12 837 aircraft at their disposal: 5,409 fighter planes, 1,467 heavy bombers, 1,645 light and medium bombers, 860 cargo gliders and 1,500 transport aircraft. The superiority of the 3,200 Allied fighters against the German Fighter Squadrons Richthofen and Schlageter is 1 to 30. The repeated Allied bombing attacks complicate the transfer of other German fighter units from Germany. The expansion of the beachheads is successful due to the concentrated Allied fighter cover.

12 June 1944

The first major action by the German fighters demonstrates the superiority of the Allies in the air. By the end of June 1944, 1000 German fighter pilots are killed on the invasion front. The fighting power of the German units declines rapidly. During the first week, the Allies fly 49,000 sorties, drop 46,000 tons of bombs and lose 532 aircraft. The Allied bombers also support their infantry. The brave defense by the German infantry and the continuous operation of the depleted units of the Luftwaffe are ineffective against the superiority of the Allies, who have flown 158,000 sorties by 6 July 1944. However, German antiaircraft guns and fighter planes are able to destroy 1,284 Allied aircraft; and, the German fighters continue to fly ground-strafing attacks against Allied tanks and motorized columns. In the assault of German tanks against General Patton's Third US Army, 300 German fighters are ordered to screen the attacking German tanks; however, they are engaged in extensive dogfights immediately after take-off. As losses rise, the Luftwaffe orders young and inadequately trained pilots into the action.

29 July 1944

The Allies have landed 1.5 million troops.

15 Aug 1944

Allied landings, including 5.000 parachutists, are made in southern France.

16 Aug 1944

The British advance from Caen to Falaise.

25 Aug 1944

The Allied troops march into Paris.

30 Aug 1944

The Allies cross the Seine River. Brussels is taken on 3 Sept. Antwerp the next day and Liege on 6 Sept.

During the heavy ground fighting, the German squadrons are gradually moved to the rear. For instance, on 3 Sept., JG 26 is transferred to the area near Krefeld. The infantry has to be supplied by night. The raids by the German fighter groups are continued.

11 Sept 1944

The Allied troops reach the German border north of Trier. Aachen is taken on 21 Oct., Straßburg on 23 Nov. 1944.

3 Dec 1944

The American troops break through the West Wall near Saarlautern. The final battle for Germany begins.

Im Hinterland werden im Rahmen der Landeoperationen mit »Hadrian« und »Horsa«-Lastenseglern britische und amerikanische Luftlandeeinheiten abgesetzt.

The invasion is begun with the landing of British and American troop gliders in the rear areas.
▽

△
Vor der mit Landungssperren übersäten Küste der Normandie liegt am 6. Juni 1944 die Alliierte Landungsflotte, darüber unzählige Sperrballone zum Schutz der Transportschiffe gegen Tiefangriffe der Luftwaffe.

After landing 6 June 1944 on the Normandy Beach the Allied invasion fleet is protected by many barrage balloons.

Ein Airspeed »Horsa«-Lastensegler, dessen Rumpf bei ▷ der Landung an der Sollbruchstelle abgerissen ist; dadurch ist es den Luftlandesoldaten möglich, schnell und ungehindert ins Freie zu gelangen.

A Horsa troop glider broke apart at the hinged joint that allows the fuselage to open for disembarking the airborne soldiers quickly.

△
Das Landungsunternehmen wird von Schwärmen alliierter Jäger, hier ein »Spitfire«-Verband, gegen mögliche deutsche Luftangriffe abgeschirmt.
A group of Spitfire's screening the landing fleet against German air raids.

Die wenigen Abschüsse, die anfangs ▷ hauptsächlich von der Flak erzielt werden, sind bei der Masse der eingesetzten Flugzeuge nahezu bedeutungslos.
In the beginning few of the destroyed enemy airplanes are hit by antiaircraft fire.

Nur wenige deutsche Jäger, etwa 100 im gesamten Westgebiet sind am »D-Day« einsatzbereit. Piloten des JG 2 vor dem Start gegen einen gemeldeten amerikanischen Kampfverband.
Only 100 German pilots are ready for action on the western front on D-Day. Shown are pilots of JG 2.

Geschwaderkommodore Priller (JG 26) und seine Flugzeugführer werden am zweiten Invasionstag von einem Stabsoffizier des Heeres über die Lage unterrichtet.
A staff officer reports to Wing Commander Priller and his pilots of JG 26.

In pausenlosen Flügen werden Tiefangriffe und Jagdaufträge geflogen. »Pips« Priller klettert aus seiner Kdore.-Maschine, einer Fw 190A-7.
Commander Priller dismounts his Fw 190.

◁ Die herangeführten deutschen Verstärkungen werden schon weit hinter der Invasionsfront auf Straße und Schiene von Jabos angegriffen. Eine »Spitfire« beschießt eine Kolonne mit Bordwaffen.
A Spitfire attacks a motorized column near the invasion front.

Über einem in Brand geschossenen Tank-LKW ▷ kurvt der Angreifer, eine Hawker »Typhoon« zu neuem Anflug ab.
A Hawker Typhoon after its attack on a gasoline tank truck.

◁ Eine Explosion zerreißt das brennende Tankfahrzeug.
An explosion blows up the truck tanker.

In Straßengräben und angrenzendem Gebüsch gehen Landser während dieser nahezu ununterbrochenen Tiefangriffe in Deckung.

During an Allied ground-strafing attack, German infantry takes cover in a road ditch.

Leichte Flak hat einen Angreifer abgeschossen. Flakstellungen sind in diesen Tagen bevorzugte Ziele der Jabos und müssen deshalb ständig ihren Aufstellungsort wechseln.

A German antiaircraft gun has shot down an enemy fighter plane.

△
Schwere amerikanische Bomberverbände greifen am 18. Juni 1944 Stellungen um St. Lo und die Stadt selbst an. Die Bevölkerung der getroffenen Stadtteile bringt ihre Habseligkeiten in Sicherheit.

The inhabitants of St. Lo collecting their possessions after an air raid on 18 June 1944.

Nach erneutem Bombardement am 25. Juli bietet St. Lo den Anblick eines riesigen Trümmerfeldes.

The leveled city of St. Lo after an air raid on 25 July 1944.
▽

Eine von der Flak abgeschossene B-17G »Fortress« ist außerhalb St. Lo aufgeschlagen.
A destroyed B-17 near St. Lo.

Wehrmachtsangehörige stellen die Personalpapiere eines toten Besatzungsmitgliedes des Bombers sicher.
German soldiers identifying a dead crew member.

Diesem Piloten eines Begleitjägers gelang eine Notlandung. Erstes Verhör des Gefangenen bei einer Luftwaffen-Dienststelle.
German officers interrogating an Allied prisoner of war.

Die Straßen hinter der deutschen Invasionsfront sind von den Trümmern durch Tiefangriffe zerstörter Kolonnenfahrzeuge versperrt.
The streets in the rear areas are littered with the wreckage of motorized columns.

◁ Der erste Wart gratuliert »seinem« Piloten zu einem Viermot-Abschuß, Erfolge, die gerade in diesen Wochen mit schwersten Opfern erkauft werden müssen.

A member of the ground crew congratulates his pilot on an air victory.

Den deutschen Jagdflugzeugen steht der US-Jabo P-51 »Mustang« gegenüber, der bezüglich Geschwindigkeit und Feuerkraft sowohl der Bf 109G als auch der FW 190A überlegen ist.

The superior US fighter plane P-51.
▽

◁ Ein anderer Jagdbomber der Amerikaner ist die P-47 »Thunderbolt«, ein massiges und im Sturz äußerst schnelles Flugzeug.

The P-47 Thunderbolt is a rugged US fighter plane.

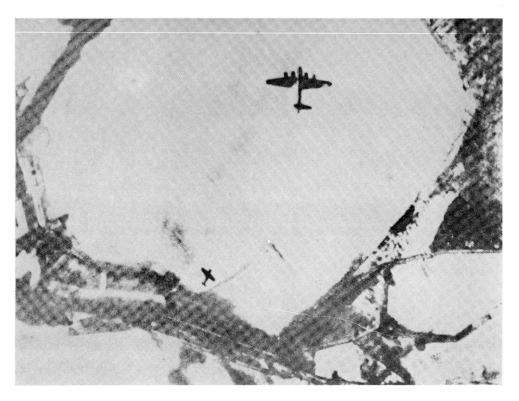

△
Immer wieder stürzen sich die wenigen deutschen Jäger auf die einfliegenden Verbände. Eine Fw 190 hat den linken Innenmotor einer B-17 in Brand geschossen und greift zum zweiten Male an.
An Fw 190 fighter has set the No. 3 left engine of a B-17 bomber afire.

Ein Luftlandeunternehmen weit hinter der Front soll am 17. September 1944 bei Arnheim und Nimwegen eine Zersplitterung der Abwehrkräfte herbeiführen. DC-3-Transporter beim Absetzen von alliierten Fallschirmjägern.
DC-3 transport planes drop parachutists near Arnheim – the big airborne operation on 17 Sept 1944.
▽

△
Obgleich die »1st. British Airborne Division« bei dem Unternehmen nahezu vollkommen aufgerieben wird, ist der Vorstoß der Alliierten gegen die Reichsgrenzen nicht mehr aufzuhalten. Gefangene Engländer bei Nimwegen.
British parachutists are made prisoners of war after the failure of the Arnheim operation.

◁ Zerbombte, zerstampfte deutsche Stellungen.
Die Luftwaffe ist trotz aller Anstrengungen nicht mehr in der Lage, die rollenden Bombenangriffe gegen die deutschen Erdtruppen zu verhindern. Der Zusammenbruch im Westen ist nur noch eine Frage der Zeit.
Devastated German positions on the western front.

Die Luftschlachten über dem Reichsgebiet

Durch den Einsatz der Jagdflieger- und Zerstörer-Geschwader an allen Teilen der Front war die Verteidigung des Luftraums über dem Reichsgebiet bereits in den Jahren 1939/1940 ungenügend. Die Anfänge der Nachtjagd fallen mit der Luftoffensive gegen England zusammen. Keimzelle der deutschen Nachtjagd ist die I./NJG 1 (Bf 110). Seit 16. 10. 1940 ist Generalmajor Kammhuber »General der Nachtjagd«. Er schafft den »Kammhuber-Riegel«, eine Aneinanderreihung von Scheinwerferstraßen und Horchgeräten, der Ende 1941 von der Nordsee bis Metz reicht. Das »Himmelbettverfahren« wird entwickelt. Jägerleitoffiziere führen jeweils einen Nachtjäger aufgrund der Funkmessungen des »Würzburggeräts« und des »Freyagerats« (Reichweite 150 km) an die Bomber heran. Dieses Verfahren bewährt sich nur so lange, bis die Alliierten die Luftangriffe verstärken und Bomberströme den Riegel »überrollen«. Erfolgreiche Fernnachtjagd über England durch I./NJG 2. Startende, anfliegende oder landende Bomber werden bereits über ihren Einsatzhäfen abgefangen und bekämpft. Die Fernnachtjagd wird am 12. 10. 1941 eingestellt, da die Kräfte nicht ausreichen. Die Gruppe wird in den Mittelmeerraum abgezogen.

27. 8. 1939
Probeflug von He 178 – erstes Strahlflugzeug der Welt – vor Kommission der Luftwaffe.

21. 3. 1941
Zur Verteidigung des Luftraumes über dem Reichsgebiet wird zum Luftwaffenbefehlshaber Mitte Gen.Oberst Weise ernannt.

5. 4. 1941
Probeflug von Heinkel He 280 (zwei Strahltriebwerke He S 8) vor hohen Luftwaffenoffizieren in Marienehe.

März 1942
Die Anflüge feindlicher Bomberverbände verstärken sich. Lübeck, Rostock und weitere Städte werden schwer bombardiert.

31. 5. 1942
Erster »Tausend-Bomber-Angriff« der RAF auf Köln. 1700 Großbrände, 3300 Häuser zerstört, 9500 beschädigt, 474 Einwohner finden den Tod, 36 Bomber werden abgeschossen.

26. 6. 1942
Von 1006 Bremen angreifenden Bombern werden 49 abgeschossen.

18. 7. 1942
Probeflug von Me 262 mit Jumo 004-Turbinen.

27. 1. 1943
Erster Tagesangriff der 8. USAAF (55 B 17 »Fortress«) auf Wilhelmshaven. Abwehr durch Staffeln Focke Wulf FW 190 (JG 1). Am 4. 2. sind auch Bf 110 (IV./NJG 1) bei der Abwehr viermotoriger B 17 beteiligt.
Die viermotorigen B 17 verfügen über sieben MG-Stände mit 12 MGs, Liberator III über sechs MG-Stände mit 12 MGs.

30. 1. 1943
Erster Einsatz des britischen 9 cm-Radar bei Angriff auf Hamburg. Stationierungen: 1. Jagddivision (Genlt. v. Döring) bei Arnheim, 2. Jagddivision (Genlt. Schwabedissen) Stade, 3. Jagddivision (Genmaj. Junck) Metz, 4. Jagddivision (Genmaj. Huth) Döberitz, 5. Jagddivision (Oberst v. Bülow) Schleißheim.

5. 3. 1943
RAF-Großangriff auf Essen, weitere schwere Luftangriffe auf Duisburg, Dortmund und andere Städte. Die Erfolge der Nachtjagd steigen langsam an. In den ersten vier Monaten der Luftoffensive auf das Reichsgebiet schießen Flak und Jäger 872 Bomber ab und beschädigen 2126 schwer. Es stehen jetzt fünf Nachtjagdgeschwader im Einsatz: Nachtjagdgeschwader 1 (Oberst Falck), Nachtjagdgeschwader 2 (Obstltn. Hülshoff), Nachtjagdgeschwader 3 (Oberstltn. Lent), Nachtjagdgeschwader 4 (Oberstltn. Thimmig), Nachtjagdgeschwader 5 (Major Schaffer).

24. 4. 1943
Engländer werfen neue Flüssigkeitsbrandbombe (27 kg), Amerikaner verwenden etwas später Brandbomben aus einem Gemisch von Benzin, Gummi und Viskose (Typ M 47 – M 69). Später Verwendung auch von M 76 (Öl, flüssiger Asphalt und Magnesiumstaub). Diese Brandbombe »Synthetische Lava« wog 225 kg.

16./17. 5. 1943
Nachtangriff der RAF auf Eder- und Möhnetalsperre.

25. 7. 1943
RAF greift mit 740 Bombern Hamburg an, Verwirrung der Abwehr durch Abwurf von Metallfolien (»Düppel«). Um Hamburg sind 54 schwere und 26 leichte Flak- sowie 22 Scheinwerfer-Batterien stationiert. Weitere schwere Angriffe auf Hamburg folgen. Wegen Störung der Radar-Suchgeräte freie Jagd über dem Zielgebiet der Bomber (»Wilde Sau«).

28. 7. 1943
77 »Fortress« greifen Fieseler Werke in Kassel und Werke bei Magdeburg an. Abwehr durch mehrere Jagdgruppen. Einige Maschinen tragen je eine 250 kg-Bombe, die aus 1000 Meter Überhöhung auf Bomberpulk geworfen werden. Teilerfolg. 22 »Fortress« werden durch diese Bomben oder im Luftkampf abgeschossen.

30. 7. 1943
Das »Himmelbettverfahren« weicht einer neuen Nachtjagdtaktik. Die Jäger sollen jetzt im Bomberstrom mitfliegen und dann aus gewählter Zielposition abschießen. JG 300 (Major Hajo Herrmann) fliegt »Objekt Nachtjagd« nach Sicht direkt über den angegriffenen Städten (»Wilde Sau«).

Juli 43
Neuer Jagdzweisitzer Me 410 (Schnellbomber) im Einsatz.

1. 8. 1943
Alliierte Luftangriffe auf Ölfelder von Ploesti. Von 177 angreifenden Maschinen werden 54 abgeschossen. Großer Erfolg der Flak.

13. 8. 1943
Angriff der 9. USAAF. 61 B 24 »Liberator« – gestartet in Nordafrika – werfen Bomben auf Wiener Neustadt.

17. 8. 1943
Angriff auf Schweinfurt und Regensburg. 16 % der beteiligten Maschinen werden abgeschossen.

18. 8. 1943
Raketenversuchsgelände Peenemünde wird gebombt. 40 Bomber werden abgeschossen, 32 beschädigt. Am folgenden Tag begeht der Chef des Generalstabes der Luftwaffe, Generaloberst Jeschonnek, Selbstmord. Nachfolger General G. Korten († 22. 7. 1944 durch die Hitler zugedachte Bombe).

24. 8. 1943
Angriff auf Berlin. Scheinwerferring um Berlin hat 80 km Durchmesser. Flak darf nur bis 4500 m schießen, um »Wilde Sau« nicht zu gefährden. 54 viermotorige Bomber werden durch Flak und Nachtjagd abgeschossen.

1. und 4. 9. 1943
Wieder greift RAF Berlin an. 123 Bomber abgeschossen, 114 beschädigt. JG 300 wird ausgeweitet auf 30. Jagddivision mit JG 300 (Oberstltn. K. Kettner), JG 301 (Major H. Weinreich), JG 302 (Major M. Mössinger).

9. 10. 1943
Angriff der 8. USAAF mit 378 Bombern auf deutsche Flugzeugwerke, von denen 28 Maschinen abgeschossen werden. In den ersten acht Monaten des Jahres 1943 werden trotz der schweren Bombardierungen von der deutschen Industrie 7477 Bf 109 und FW 190 produziert. Infolge der hohen Verluste im Kampf gegen die alliierten Bomberverbände stehen Ende August 1943 trotzdem nur 405 Bf 109 und FW 190, 80 Bf 110 und Me 410 zur Reichsverteidigung bereit.

10. 10. 1943
Beim Angriff auf Münster verlieren die Alliierten von 226 Bombern 30 Maschinen.

14. 10. 1943
291 Bomber greifen Schweinfurt an. 77 Maschinen werden abgeschossen, 121 beschädigt. Luftmarschall Harris, Chef der britischen Bomberverbände, erklärt: ». . . Wir haben niemals ein besonderes Industriewerk als Ziel unserer Nachtangriffe gewählt, unser eigentliches Ziel war immer die Innenstadt.«

18. 11. 1943
Hitler befiehlt die vordringliche Fertigung der Me 262 für Jabo-Einsatz. Im Dezember 1943 fliegt 8. USAAF 5615 Einsätze auf Ziele im Reichsgebiet. Im Jahre 1943 werfen die Alliierten über dem Reichsgebiet 135 000 to Bomben.

Jan. bis März 1944
Verstärkte Luftangriffe auf Ziele im Reichsgebiet. Die Bomberströme werden jetzt begleitet durch amerikanische Langstreckenjäger P 51 »Mustang«. Die Luftüberlegenheit geht mehr und mehr verloren.

6. 3. 1944
Von 660 Maschinen, die Berlin angreifen, werden 80 Flugzeuge abgeschossen.

16. 3. 1944
30. Jagddivision wird aufgelöst. Nur wenige »Wilde Sau«-Gruppen bleiben im Einsatz. Die zweimotorigen Nachtjäger erhalten Radar (Lichtenstein SN 2). Verfolgungsnachtjagd im Bomberstrom. Schwere Verluste der angreifenden Bomberpulks. Einbau einer »Schräg-Bewaffnung«, zwei 2 cm-Kanonen hinter der Kabine, die im Winkel von 72° schräg nach oben schießen. Bei parallelem Mitfliegen unter dem Bomber hohe Abschußergebnisse durch »Schräge Musik«.

31. 3. 1944
Nachtjäger schießen beim Angriff auf Nürnberg von 795 Maschinen 94 Flugzeuge ab. In der Luftschlacht um Berlin vom 18. 11. 43 bis 24. 3. 1944 verspricht Luftmarschall Harris, Berlin »von einem Ende bis zum anderen« zu zerstören. Engländer werfen Bomben durch geschlossene Wolkendecke, die, angestrahlt von Scheinwerfern und den Bränden in der Stadt, die Bomber für die Nachtjagd von oben her sichtbar macht. Bomber erleiden hohe Verluste, gleichfalls aber auch die einmotorigen Nachtjäger, da diese nicht blindflugfähig sind. Auf Berlin fallen vom 18. 11. bis Jahresende 14 000 to Bomben. Die Engländer bringen den 2-mot.-Bomber »Mosquito 16« (Gipfelhöhe 11 000 m) zum Einsatz.

Januar bis Mai 1944
Die Luftwaffe greift wieder London und Südengland mit Do 217, Ju 188 und He 177 an. Die Kräfte reichen jedoch nicht aus, um eine größere Wirkung zu erzielen. Mangel an Treibstoff beginnt sich bemerkbar zu machen.

13.–22. 6. 1944
Erste V 1-Geschosse auf London.
Letzter Großangriff deutscher Bomber auf in Poltawa gelandete Verbände der 8. USAAF. 47 Boeing B 17, 15 Mustang sowie einige sowjetische Flugzeuge werden zerstört, 26 B 17 beschädigt. 1,6 Millionen Liter Betriebsstoff verbrennen.

16. 8. 1944
Erster Einsatz von Me 163 (Raketenjäger) bei US-Angriff auf Leuna.

August 1944
Me 262 fliegen Angriffe gegen Bomberströme (Kommando Nowotny; JV 44). Es stehen zu wenig Maschinen zur Verfügung, um größere Wirkung zu erzielen.

24. 8. 1944
Angriff gegen »Ölziele« in Norddeutschland und Brüx (8. USAAF). Am 9. 9. und am 11. 9. wiederum schwere Angriffe auf Eisenbahn- und Ölziele.

Herbst 1944
Nach der gelungenen Invasion nehmen die Alliierten verstärkt und mit überwältigender Überlegenheit die Angriffe auf das Reichsgebiet wieder auf.
Innerhalb von 80 Tagen werden 8000 V 1 abgeschossen, von denen nur 29 % das Zielgebiet erreichen.

September 1944
Die alliierten Angriffe auf Hydrierwerke, Ölraffinerien und auf das Verkehrsnetz zeigen Wirkung. Die Ölproduktion sinkt von 170 000 to auf 50 000 to ab. Tiefflieger stören Transportbewegungen und Truppenverschiebungen.

Oktober 1944
Schwere Luftangriffe der RAF mit jeweils ca. 1000 Bombern auf Duisburg, Braunschweig, Essen und Düsseldorf.
Über England wird Gloster »Meteor« (Strahltriebwerke) zur Bekämpfung der V 1 eingesetzt. Die Lufthoheit der Alliierten ist jetzt absolut.

7. 10. 1944
Konzentrierter Angriff der 8. USAAF auf sechs Hydrierwerke.

8. 10. 1944
Erster Abschuß von V 2 auf London. Auf England werden rd. 2000, auf Brüssel, Antwerpen und Lüttich, 1600 V 2 abgeschossen.

12. 12. 1944
2000 Bomber der RAF und USAAF über Deutschland im Angriff auf Eisenbahn-Anlagen.

Ende 1944
Als erster Düsenbomber ist die Arado 234 B in geringer Stückzahl im Einsatz.
Einsatz von 5,5 cm-Rakete, die zu je 12 Stück auf einfachen Holzrosten unter den Tragflächen montiert ist.

1. 1. 1945
Großangriff der Luftwaffe mit allen verfügbaren Jägern, Jabos, Schnellbombern, auf Flugplätze der Alliierten in Holland, Belgien und Nordfrankreich (Deckname »Bodenplatte«).
800 Maschinen werden eingesetzt, die etwa 810 anglo-amerikanische Flugzeuge zerstören. Die Luftstreitkräfte der Alliierten liegen für eine Woche lahm. 93 deutsche Flugzeuge gehen verloren, beim Heimflug werden jedoch durch die eigene Flak beim Überfliegen der V 2-Sperren 200 Flugzeuge abgeschossen.

Januar 1945
Vereinzelter Einsatz des Kampfmittels »Mistelflugzeug« (Vater-Sohn). Jedes Flugzeug Bf 109 oder FW 190 trägt unbemannte Ju 88 mit 4 to Sprengladung ins Zielgebiet.

14. 1. 1945
Erneut werden »Ölziele« bombardiert.

29. 1. 1945
Schwere Angriffe auf Eisenbahnziele.

Am 1. 2. 1945 waren die letzten deutschen Jagdverbände (außer schwachen Gruppen und einzelnen Staffeln in Ost- und Westpreußen, Norwegen, Kurland, Ungarn und Italien) wie folgt gegliedert:

Luftflotte Reich:
I. Jagdkorps (Treuenbrietzen) mit:
1. Jagddivision (Döberitz): 15 Jagdgruppen (dabei 3 in Neuaufstellung),
1 Zerstörergruppe, 8 Nachtjagdgruppen im Raum Mecklenburg–Lübeck–Vorpommern–Mark Brandenburg–Leipzig–Nord-Holland–Weser–Elbmündung,
3. Jagddivision (Wiedenbrück): 11 Nachtjagdgruppen im Raum Oldenburg–Westfalen–Niederrhein–Hangelar,
7. Jagddivision (Pfaffenhofen): 4 Nachtjagdgruppen im Raum Oberbayern–Württemberg,
8. Jagddivision (Wien): 2 Nachtjagdgruppen im Raum Nieder/Oberösterreich–Slowakei.

Luftwaffenkommando West:
II. Jagdkorps (Flammersfeld) mit: 11 Jagdgruppen, 2 Kampfgruppen, Resten von 2 Kampfgeschwadern, 2 Nachtschlachtgruppen, 1 Fern-Aufklärungsgruppe im Raum Niedersachsen-West–Nord-Westfalen–Oberhessen,
5. Jagddivision (Durlach): 3 Jagdgruppen mit 1 Aufklärungsgruppe im Raum Baden-Württemberg – ObdL. unterstellt:
IX. Fliegerkorps (J) in Umrüstung auf Jagdflugzeuge mit 9. Fliegerdivision (J) und 5 Kampfgeschwadern (J) nebst 2 Ergänzungsgruppen im Raum Böhmen-Mähren–Südbayern–Nordwürttemberg.

Für diese zahlenmäßig immer noch ansehnlichen Kräfte standen im Schnitt 1–2 Sätze Betriebsstoff zur Verfügung.
Nur 12 000 t Fliegerbenzin (gegenüber 198 000 im Mai 1944) und 50 000 t Vergaserkraftstoffe (gegenüber 185 000 t im August 1944) waren im Januar 1945 verfügbar.

14. 2. 1945
Schwerer Terrorangriff auf Dresden (fast 100 000 Opfer).

22. 2. 1945
158 Eisenbahnziele im Reichsgebiet werden schwer getroffen. Die Auswirkung für das Transportwesen im Reich ist verheerend.

24. 3. 1945
40 000 alliierte Soldaten werden bei Wesel aus Flugzeugen abgesetzt.

27. 3. 1945
Letztes V 2-Geschoß auf London. Noch immer erzielen die deutschen Jäger hohe Abschußerfolge. So schießt III./JG 7 in der letzten Februarwoche bei geringen eigenen Verlusten 45 Bomber ab. Von 1294 gebauten Me 262 kommen nur ca. 380 Maschinen zum Einsatz. In den Monaten Januar/Februar/März 1945 fallen auf das Reichsgebiet 329 000 to Bomben. Die Verluste auf den Flugplätzen im Reich steigen an. So werden in der ersten Märzwoche 1738 Flugzeuge, die nicht mehr aufsteigen können, am Boden zerstört. Der Widerstand der Luftwaffe ist zum Erliegen gekommen. Insgesamt warfen die Alliierten auf Deutschland und auf die von Deutschland besetzten Westgebiete 1 996 036 to Bomben.
Einschließlich der V-Waffen wurden von der Luftwaffe auf England 74 171 to Bomben geworfen. Die Alliierten verloren während des Krieges insgesamt 18 465 Jagdflugzeuge und 21 914 Bomber. Die Verluste an fliegendem Personal betrugen bei der RAF 79 281 Offiziere und Mannschaften, bei der USAAF 79 265 Offiziere und Mannschaften. Die deutschen Flugzeugverluste im Westen können nur geschätzt werden und liegen bei 50 000 Maschinen.
Zu Kriegsbeginn besaß die deutsche Flakartillerie 2628 schwere Geschütze und 3360 leichte Geschütze. Gegen Kriegsende 14 489 schwere und 41 937 leichte Geschütze. Um lebenswichtige Anlagen

(Ölraffinerien und Schlüsselwerke der Kriegsindustrie) wurden Flakfestungen geschaffen. So standen z. B. bei Stettin 500, in Leuna 600 und in Heydebreck 800 schwere Flakgeschütze.

Für die 8,8 Flak wurden Sprenggranat-Patronen mit Zeitzünder für Luftziele, Panzergranaten mit Aufschlagzünder für Bunker und Panzerbekämpfung sowie Sprenggranaten mit Aufschlagzünder gegen ungeschützte Erdziele verwandt. Die 3,7 cm Flak schoß Sprenggranat-Patronen mit Lichtspur und Zerleger sowie Panzergranaten mit Leuchtspur. Die 2 cm Flak schoß Sprenggranat-Patronen mit Lichtspur und Zerleger sowie Panzergranaten mit Leuchtspur. Die 2 cm Flak schoß Sprenggranaten mit Lichtspur und Zerleger.

Gegen Kriegsende kamen verschiedene Flakraketen zum Einsatz. Die Serienherstellung dieser Raketen gelang jedoch nicht mehr. Dazu zählt der Lenkflugkörper Henschel Hs 117 »Schmetterling« gegen Luftziele.

Personalbestand der Flak
1942:   439 000 Mann,
1944:   900 000 Mann.

Vom »Volksjäger« He 162 (Strahlturbine BMW 003) wurden 120 Stück gebaut, jedoch nicht mehr gegen Bomberpulks eingesetzt. In den letzten Kriegsmonaten wurde auch der Raketenjäger Me 163 (»Kraftei«) vom Erprobungskommando 16 (Htpm. W. Späte) eingesetzt.

Die Amerikaner brachten an neuen Maschinen zum Einsatz: P-47 »Thunderbolt« (8 MG, 10 Raketen, 2 Bomben zu je 450 kg), P-51 »Mustang« (4 MG, 6 Raketen), »Mosquito VI« (4 Kanonen 20 mm; 4 MG; 8 Raketen). Die Bomben hatten gegen Kriegsende ein Höchstgewicht von 10 000 kg. Erster Einsatz dieser Bomben am 14. 3. 1945 gegen Viadukt vor Bielefeld.

Während des Krieges wurden 131 deutsche Städte durch Luftangriffe betroffen. Davon Berlin 29mal, Braunschweig 21mal, Ludwigshafen und Mannheim 19mal, Kiel, Köln, Frankfurt/M. je 18mal, Hamburg und Münster je 16mal, Koblenz und Hamm je 15mal, Hannover und Magdeburg je 11mal.

Bei Bombenangriffen über dem Reichsgebiet fanden 410 000 Menschen den Tod.

Dazu kommen 32 000 Tote von Ausländern und Kriegsgefangenen, 128 000 Tote unter den Flüchtlingen der Vertreibungsgebiete, so daß durch das Bombardement zusammen mit 23 000 Toten der nicht im Kampfeinsatz stehenden Polizei und Wehrmachtsangehörigen 593 000 Menschen im Bombenhagel ihr Leben ließen. Insgesamt wurden im ehemaligen Reichsgebiet 3 370 000 Wohnungen zerstört.

Die Luftwaffe verlor 1939–1944 = 96 917 Tote, Verwundete und Vermißte.

The Air Battles over Germany

Assignment of fighter and destroyer squadrons to all sections of the front led to an inadequate air defense of Germany as early as 1939/1940. The night pursuit flights started at the same time as the air battle against England. The first night fighter unit was I/NJG 1 (Me 110). On 16 Oct. 1940, Maj.Gen. Kammhuber is assigned to direct the night fighting. In 1941, he creates the Kammhuberriegel, a line of searchlights and sound locators that extends from the North Sea to Metz. The "Himmelbettverfahren" is developed, a special code for a type of radar reception. Pursuit guiding officers direct the night-fighters to the approaching bombers after locating them with the Würzburggerät (radar set) and the Freyagerät (range 150 km). This method was only effective until massed bombing attacks by the Allies were intensified and overpowered the Kammhuberriegel.

I/NJG 2 makes a successful long-range interception at night over England. Allied bombers are engaged while taking off, landing or in flight at their bases. The long-range night interception is stopped on 12 Oct. 1941 due to a lack of equipment. The night-fighter squadron is transferred to the Mediterranean area.

28 Aug 1939
Test flights of the He 178 were made before being approved for use by the Luftwaffe. The He 178 was the first jet fighter in the world.

21 March 1941
Gen.Oberst Weise is announced Air Commander of the Center and is responsible for the air defense over Germany.

5 April 1941
Test flight of the Heinkel He 280 (twin jet engines, He S 8) before high ranking officers of the Luftwaffe in Marienehe.

March 1942
The raids by enemy bomber units are intensified. Lübeck, Rostock and other cities are heavily bombed.

31 May 1942
The first "thousand bomber raid" by the Royal Air Force is flown against Cologne. The result is 1,700 large fires, 3,300 destroyed houses, 9.500 damaged houses and 474 killed civilians. Thirty-six bombers are shot down.

26 June 1942
Forty-nine of 1,006 bombers attacking Bremen are shot down.

18 July 1942
Test flight of the Me 262 with its Jumo 004 turbine engines.

27 Jan 1943
The Eighth US Air Force (fifty-five B 17 "Flying Fortresses") flies its first daylight raid on Wilhelmshaven. They are repelled by Focke Wulf FW 190's (JG 1). Me 110's (IV/NJG 1) are put into action against the four-engined B 17's on 4 Feb. 1943.

The four-engined B 17's mount twelve machine-guns at seven locations on the craft; Liberator III has six machine-gun posts with a total of twelve machine guns.

30 Jan 1943
The British use the 90 mm radar for the first time in their raid against Hamburg.

The units of the Luftwaffe are stationed at the following places: 1st Fighter Division (Gen.Lt. v. Döring) at Arnheim, 2nd Fighter

Division (Gen.Lt. Schwabedissen) at Stade, 3rd Fighter Division (Maj.Gen. Junck) at Metz, 4th Fighter Division (Maj.Gen. Huth) at Döberitz, 5th Fighter Division (Col. v. Bülow) at Schleißheim.

5 March 1943

The British Royal Air Force raids Essen, Duisburg and other cities. The effectiveness of the night-fighter squadrons increases. Antiaircraft guns and fighter planes down 872 and heavily damage 2,126 bombers during the first four months of the air offensive against Germany. Now, there are five night-fighter squadrons in action: Night Fighter Squadron 1 (Col. Falck), Night-Fighter Squadron 2 (Lt.Col. Hülshoff), Night-Fighter Squadron 3 (Lt.Col. Lent), Night-Fighter Squadron 4 (Lt.Col. Thimmig), Night-Fighter Squadron 5 (Maj. Schaffer).

24 April 1943

The British drop a new type liquid incendiary bomb (27 kg – 60 lb). Later on, the Americans use an incendiary bomb combining gasoline, rubber and viscose (type M 47 – M 69). Still later, they use the M 76 bomb (oil, liquid asphalt and powdered magnesium). This incendiary bomb, "Synthetic Lava," weighed 225 kg (500 lb).

16–17 May 1943

The Royal Air Force launches a night attack on the Eder and Möhne Dams.

25 July 1943

Hamburg is attacked by 740 bombers of the Royal Air Force. The German defense is confused by the dropping of metallic foil chaff (Düppel). Fifty-four heavy and twenty-six light antiaircraft batteries, as well as twenty-two searchlight batteries, are stationed around Hamburg. As the concentrated raids on Hamburg continue, a fighter sweep is made over the target area for the bombers because of the Allied interference of the tracking radar. This fighter sweep without radar assistance is called Wilde Sau (Wild Sow).

28 July 1943

Seventy-seven Fortress's attack the Fieseler aircraft factories in Kassel and others near Magdeburg. They are repelled by fighters. Some of them carry a 250 kg bomb (550 lb) that is dropped on the enemy bombers flying 1000 m beneath the attackers. Twenty-two Fortress's are shot down or destroyed by bomb explosions.

30 July 1943

The "Himmelbett" tactics are replaced by a new system. The German fighters are to follow the bombers closely and attack at an opportune time. JG 300 (Maj. Hajo Herrmann) flies "Object Nachtjagd" (Operation Night Pursuit) over the raided German cities (Wilde Sau).

A new two-seater fighter plane is put into action.

1 Aug 1943

The Allies raid the oil fields of Ploesti.

Fifty-four of the attacking 177 aircraft are shot down by the German antiaircraft defense.

13 Aug 1943

Sixty-one B 24 Liberator's of the 9th US Air Force take off from North Africa and bomb Vienna.

17 Aug 1943

Schweinfurt and Regensburg are raided. Sixteen percent of the attacking enemy aircraft are shot down.

18 Aug 1943

The rocket proving ground Penemünde is bombed. Forty bombers are shot down, thirty-two are damaged. General Jeschonnek, Chief of the General Staff of the Luftwaffe, commits suicide the next day. His successor is General G. Korten.

24 Aug 1943

The Allies fly a raid on Berlin. The searchlight ring around Berlin is 80 km in diameter. Antiaircraft guns are ordered not to shoot over an altitude of 4,500 m (15,000 feet) to prevent hitting the German fighters (Wilde Sau). Fifty-four four-engined bombers are shot down by antiaircraft fire and night-fighters.

1 and 4 Sept 1943

The Royal Air Force attacks Berlin. The Germans shoot down 123 bombers and damage 114. JG 300 is expanded and becomes 30th Fighter Division. (JG 300 under Lt.Col. K. Kettner, JG 301 under Maj. H. Weinreich, JG 302 under Maj. M. Mössinger.)

9 Oct 1943

The Eighth US Air Force attacks German aircraft factories with 378 bombers. Twenty-eight bombers are shot down. During the first eight months of 1943, German industry builds 7,477 Me 109's and FW 190's in spite of the heavy Allied bombings. At the end of August 1943, however, only 405 Me 109's and FW 190's and eighty Me 110's and Me 410's are ready for the defense of Germany.

10 Oct 1943

The Allies lose thirty of their 226 bombers attacking Münster.

14 Oct 1943

Schweinfurt is attacked by 291 bombers. Seventy-seven aircraft are shot down and 121 damaged. Air Marshall Harris, chief of the British bomber units, declares: "... We never chose a special industry as the target of our night raids. Our targets have always been the inner sections of the cities."

18 Nov 1943

Hitler orders that special emphasis be placed on the production of the Me 262. The Eighth US Air Force flies 5,615 sorties over Germany in December 1943. The Allies drop 150,000 tons of bombs during 1943.

Jan to March 1944

The Allied raids against German targets are intensified. The bombers are escorted by the American long-range fighter P 51 Mustang. Progressively the Germans lose control of the air.

6 March 1944

Berlin is attacked by 660 aircraft, eighty of them are shot down.

16 March 1944

The 30th Fighter Division is withdrawn. There are only a few defensive groups for the Wilde Sau missions left for action.

The two-engined night-fighters receive radar equipment (Lichtenstein SN 2). A night pursuit against the bombers is launched. Many enemy bombers are shot down. The German fighters are also equipped with two 20 mm guns behind the cockpit (Inclined Armament). This gun fires upward at an angle of seventy-two degrees. Flying parallel under the enemy bomber, this fighter is very successful with his "Inclined Music".

31 March 1944

Night-fighters shoot down ninety-four of the 795 Allied aircraft attacking Nürnberg. Air Marshall Harris promises that he is going to destroy Berlin "from one end to the other" in the air battle from 18 Nov. 1943 to 24 March 1944. The British drop bombs through the unbroken cloud cover and lose many bombers. They are an easy and convenient target for the German night-fighters due to the illumination from the searchlights and the fires in the city. The one-engined German night-fighters suffer great losses because they are not capable of blind flying. From 18 Nov. 1944 to the end of the year, 15,500 tons of bombs are dropped on Berlin. The British put the two-engined bomber Mosquito 16 (ceiling 11,000 m, 36,000 feet) into action.

Jan to March 1944

The Luftwaffe attacks London and southern England with Do 217's, Ju 188's and He 177's. However, they do not strike the enemy effectively, due in part to a lack of fuel.

13 June 1944

The first V-1 flying bombs are launched against London.

22 June 1944

The last major attack by German bombers is made on units of the Eighth US Air Force, that have landed in Poltawa (Near Kiev). Forty-seven Boeing B 17's, fifteen P 51's, as well as several Russian aircraft, are destroyed, twenty-six B 17's are damaged. One and a half million liters of fuel are destroyed.

16 Aug 1944

The Germans put the first Me 163's (rocket powered fighter) into action during the American attack at Leuna.

August 1944

Me 262's fly raids against the steady streams of Allied bombers (Nowotny Command; JV 44). They achieve a limited success due to the lack of aircraft.

24 Aug 1944

The Eighth US Air Force attacks oil refineries in northern Germany and Brüx. Heavy raids are directed against railway targets and oil refineries on 9 and 11 Sept. 1944.

Fall 1944

After their successful invasion, the Allies resume their raids on Germany with all available forces. They shoot down 8,000 V-1's within eighty days. Only twenty-nine percent of the rockets reach their targets.

Sept 1944

The Allies strike at hydrogenation plants, oil refineries and the German road network. Oil production drops from 190,000 tons to 55,000 tons. The movement of troops and supplies is difficult due to ground-strafing attacks.

Oct 1944

The Royal Air Force launches heavy air raids on Duisburg, Braunschweig, Essen and Düsseldorf using flights of 1,000 bombers. The Gloster Meteor (jet) is put into action against the V-1's over England. The Allies have achieved control of the air everywhere.

7 Oct 1944

Extensive raids are flown against six hydrogenation plants by the Eighth US Air Force.

8 Oct 1944

The first V-2 is launched on London. The Germans fire about 2,000 V-2's against England, and 1,600 against Brussels, Antwerp and Liege.

12 Dec 1944

The British and American air forces attack German railway installations with 2,000 bombers. The first jet-propelled bombers, Arado 234 B, are put into action with 55 mm rockets attached beneath the wings.

1 Jan 1945

The Luftwaffe launches a major attack with all available fighters, Jabo's and high-speed bombers against Allied airfields in Netherlands, Belgium and northern France (code name – Bodenplatte). The 800 German aircraft are able to destroy 810 Anglo-American airplanes. The Allied air forces are paralyzed for one week. Only ninety-three German aircraft are lost in the action; however, during their return, the German antiaircraft defense shoots down another 200 aircraft as they cross the V-2 barrages.

Jan 1945

Individual flights are made by the "Mistel" aircraft (Father-Son). Each Me 109 or FW 190 directs a remote-controlled Ju 88 with four tons of explosives to the target.

14 Jan 1945

Oil refineries are bombed again.

29 Jan 1945

Heavy Allied raids are directed against railroad targets.

The organization of the German Luftwaffe (not including small groups and single wings in East and West Prussia, Norway, Kurland, Hungary and Italy) as of 1 Feb. 1945 is as follows:

AIRFLEET REICH:

I Fighter Corps (Treuenbrietzen) with

1st Fighter Division (Döberitz): fifteen fighter groups (three regrouped), one destroyer group, eight night-fighter groups in the area of Mecklenburg – Lübeck – Vorpommern – Mark Brandenburg – Leipzig – North-Netherlands – Weser-Elbemündung,

3rd Fighter Division (Wiedenbrück): eleven night-fighter groups in the area of Oldenburg – Westfalia – Lower Rhine – Hangelar,

7th Fighter Division (Pfaffenhofen): four night-fighter groups in the area of Upper Bavaria – Württemberg,

8th Fighter Division (Vienna): two night-fighter groups in the area of Lower/Upper Austria – Slovakia.

LUFTWAFFE COMMAND WEST:

II Fighter Corps (Flammersfeld): eleven fighter groups, two bomber groups, the remainder of two bomber squadrons, two night-fighter groups, one long-distance reconnaissance group in the area of Lower Saxonia – West-North Westfalia – Upper Hesse,

5th Fighter Division (Durlach): three fighter groups with one reconnaissance group in the area of Baden-Württemberg.

Under the High Command of the Luftwaffe:

IX Fliegerkorps (J) regrouped with fighter planes of 9th Fliegerdivision (J) and five bomber squadrons (J), as well as two replenishment groups in the area of Böhmen-Mähren – South Bavaria – North Württemberg.

The fuel available to these squadrons is adequate for one or two sorties.

In January 1945 only 13,000 tons of aircraft fuel and 55,000 tons of other fuels were available as compared to 218,000 tons of aircraft fuel in May 1944 and 204,000 tons of other fuels in August 1944.

14 Feb 1945

An extremely heavy raid on Dresden killed almost 100,000 people.

22 Feb 1945

The Allies smash 158 railroad targets in Germany disrupting all rail transportation.

24 March 1945

The Allies drop 40,000 men in an airborne operation near Wesel.

27 March 1945

The last V-2 rocket is launched against London. III/JG 7 shoots down forty-five bombers during the last week of February. The Germans can put only 380 out of the 1,294 Me 262's into action. During January, February and March 1945, 360,000 tons of bombs are dropped on Germany. During the first week of March, 1,738 aircraft are destroyed on the ground. There is no further opposition from the Luftwaffe. Altogether, the Allies drop 1,996,036 tons of bombs on Germany and the occupied western areas.

The Luftwaffe dropped 81,500 tons of bombs on England including the V-rockets. The Allies lost 18,465 fighter planes and 21,914 bombers during the war. The losses of flying personnel in the Royal Air Force reached a total of 79,281, in the US Air Corps – 79,265. The estimated German losses of aircraft in the West are as high as 50,000. The German antiaircraft defense had 2,628 heavy and 3,360 light guns at the beginning of the war. At the end 14,489 heavy and 41,937 light guns were used. Antiaircraft strongholds were established around important installations, such as oil refineries and factories of the war industry. The following shells were used for the 88 mm antiaircraft guns: high-explosive projectiles with time fuses against air targets; armor-piercing projectiles with percussion fuses against bunkers and tanks; and high-explosive projectiles with percussion fuses against uncovered ground targets. The 37 mm antiaircraft guns fired high-explosive projectiles with tracer and self-destruct capability, as well as armor-piercing projectiles with tracer. The 20 mm antiaircraft guns used high-explosive projectiles with tracer and self-destruct capability.

Different antiaircraft rockets were put into action at the end of the war, but there was no extensive production of them (Henschel Hs 117 "Butterfly" – against air targets).

The antiaircraft units had a total of 439,000 personnel in the year 1942 and 900,000 in 1944. The German industry built 120 He 162's (Volksjäger – jet turbine BMW 003), but they were not put into action. During the last months of the war, the rocket-powered fighters Me 163's (Krafteï) were used by Test Command 16 (Capt. W. Späte).

The following new aircraft were put into action by the Americans: P-47 Thunderbolt (eight machine guns, ten rockets, two bombs of 1000 lb each), P-51 Mustang (four machine guns, six rockets), Mosquito VI (four 20 mm guns, four machine guns, eight rockets). The bombs reached a weight of 10,000 kg (eleven tons) at the end of the war. They were dropped on the viaduct at Bielefeld on 14 March 1945.

The Allies flew raids against 131 German cities during the war. Berlin was raided twenty-nine times; Braunschweig, twenty-one times; Ludwigshafen and Mannheim, nineteen times; Kiel, Cologne, Frankfurt/M, eighteen times; Hamburg and Münster, sixteen times; Koblenz and Hamm, fifteen times; and Hannover and Magdeburg, eleven times. During bombing raids in Germany, 593,000 people were killed, including 32,000 foreigners and prisoners of war, 128,000 fugitives from the eastern countries and 23,000 policemen and other military personnel that were not put into action. About 3,370,000 German homes were destroyed during the war.

The Luftwaffe lost 96,917 killed, wounded and missing soldiers from 1939 to 1944.

Erfassung der einfliegenden Bomber sind auf etwa 80 km Entfernung mit dem FuMG 65 »Würzburg Riese« möglich.
The FuMG 65 "Würzburg Riese" has a range of 50 miles.

Das FuMG 62 »Würzburg« übernimmt das Ziel und liefert den Flakbatterien ihre Schußwerte. Auch für die Jägerführung finden diese Geräte Verwendung.
This radar tracks the target for the antiaircraft batteries and the pursuit guidance system.

In der Anfangsphase der nächtlichen Bombenangriffe auf das Reichsgebiet liegt das Schwergewicht der Abwehr bei den Flakbatterien. Stationäre 8,8 cm Flak beim Nachtschießen.
At the beginning of the nightly enemy air raids, the 88 mm antiaircraft gun batteries are responsible for the defense.

Mit der 4-Meter-Basis werden im Scheinwerferkegel erfaßte Feindbomber angemessen und geführt. Das Gerät ermittelt Vorhaltewinkel, Schußentfernung sowie Zünderstellwerte.

A range finder for the antiaircraft gun batteries.

Niedrig fliegende Ziele liegen im Feuerbereich der leichten 3,7 und 2 cm-Flak, die hier mit Leuchtspurmunition eine »Wellington« beschießt.

20 mm antiaircraft guns are fired using tracer ammunition at a low-flying Wellington bomber.

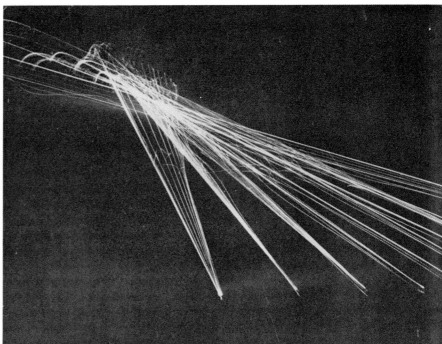

Ein getroffener Bomber ist in der Luft explodiert, die brennenden Einzelteile zeichnen ihre Bahn in den Nachthimmel.

A burning bomber explodes in the air.

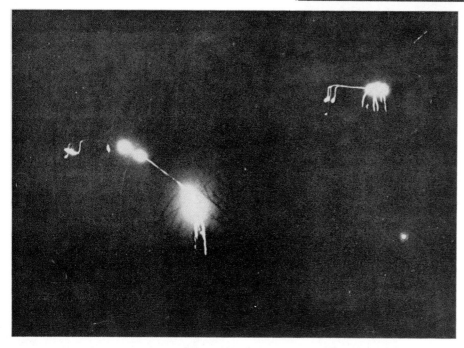

Eine noch im Morgengrauen nach dem Nachtangriff brennende ▷
»Lancaster«, die bei Münster/Westf. abstürzte.
A burning Lancaster bomber.

◁ Vereinzelt werden zum Objektschutz auch Ballonsperren aufgelassen, die jedoch wegen zu geringer Steighöhe gegen höher fliegende Maschinen wirkungslos sind.
The balloon barrage protects against low-level raids.

◁ Die ersten Nachtjagdeinheiten der LW stellt der spätere Oberst Wolfgang Falck auf, der hier mit Generaloberst Stumpf und seinem Adjutanten den Flugweg der englischen Kampfverbände nach einem Nachtangriff verfolgt.
German officers trace the route of British night bomber units.

△
Auf der Nachtjagdkarte suchen in Bereitschaft liegende NJ-Besatzungen den Standort der gemeldeten Einflüge.
Crews of a night-fighter squadron check their map.

Die erste Welle Bf 110 startet in die ▷
Nachtjagdräume. Letzte Überprüfung
der Instrumente durch den Flugzeugführer.

The pilot checks the instruments of his
Me 110 before take-off.

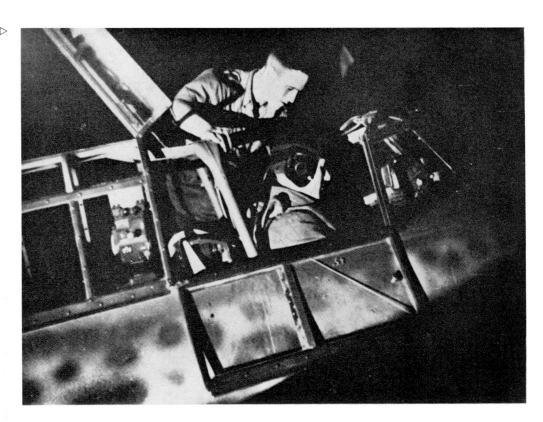

◁ Aufmerksam verfolgt der Pilot einer Do 17Z »Kauz« die Anzeige eines der frühen »Spanner«-Suchgeräte.

The pilot of a Do 17 night fighter identifies a target on the picture screen.

△ Die Motoren einer Bf 110 werden abgebremst, während der Bordfunker seine Funkgeräte abstimmt.

An Me 110 is made ready.

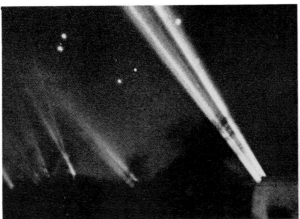

△ Scheinwerferstraßen und explodierende Flakgeschosse weisen dem Nachtjäger den Weg der gegnerischen Bomber.

Lines of searchlights and the flash of exploding antiaircraft projectiles direct the night fighter to the target.

Mit Zielmarkierung, sog. »Christbäume«, wird von den britischen Pfadfinderflugzeugen das Zielgebiet markiert. ▷

Flares – "Christmas Trees" – illuminate the target area.

△
Am Morgen nach dem Angriff zeigen brennende Trümmer die Ein- und Rückflugroute des Bomberstromes.
Burning aircraft wreckage lines the route of the returning bombers.

Die Leiche eines Bordschützen, dessen Fallschirm sich beim Absprung aus dem brennenden Flugzeug nicht öffnete.
A dead gunner whose parachute did not open.
▽

Ein Propagandaphoto dieser Jahre zeigt die nur in geringer Anzahl gebaute Heinkel He 100D als NJ-Flugzeug. Diese Maschine wurde in Wirklichkeit nur bei der Heinkel-Werkschutzstaffel in Tageseinsätzen vereinzelt geflogen.
A propaganda photo shows the He 100 night fighter which was built only in small quantities.
▽

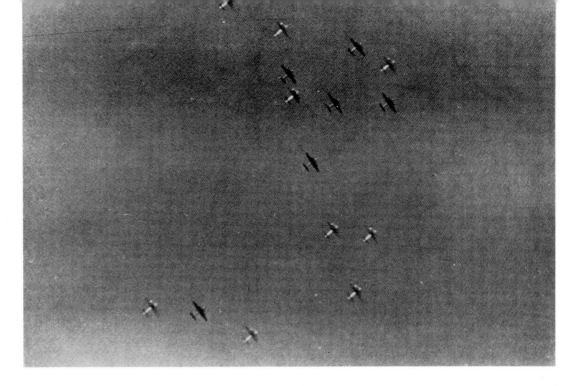

Mit der Überführung der ersten US-Bomber nach England beginnt Anfang 1943 die Reihe der Tages-Großangriffe auf das Reichsgebiet. Eine Bomber-»Box« im Anflug auf Kassel.
A US bomber "box" approaching Kassel.

Jagdflugzeug Fw 190A-8 der II./JG 26 wird von seinem getarnten Abstellplatz an den Start gerollt.
An Fw 190 is brought to the take-off point.

Die Jäger greifen die eine riesige Kondens-Schleppe hinter sich herziehenden B-17 an, die bereits von der Flak beschossen werden.
A B-17 bomber formation is attacked by fighter planes and shelled by antiaircraft guns.

△
Ein B-24 »Liberator«-Verband beim Reihenwurf. Deutlich sind die geöffneten Bombenklappen zu erkennen.
A group of B-24 Liberator bombers dropping their bombs.

Durch einen Flaktreffer ist die rechte Tragfläche einer B-24 in ▷ Brand geraten und weggebrochen.
A B-24 bomber has lost the right wing after a direct hit.

Im Tiefflug, um die Begleitjäger abzuschütteln, kehren die deutschen Jagdflugzeuge zu ihren Flugplätzen zurück.
Hedgehopping German fighter planes.

Jagdflugzeug
P-47 Thunderbolt

Zerstörer und Jabo
P-38 Lightning

Mittleres Kampfflugzeug
B-26 Marauder

Schattenrisse einiger von der US-Air Force eingesetzten Flugzeuge. Die B-29 fand nur auf dem pazifischen Kriegsschauplatz Verwendung.
Silhouettes of US war planes.

Schweres Kampfflugzeug
B-17 Fortress

Schweres Kampfflugzeug
B-29 Superfortress

◁ An den Erfolgen bei der Abwehr von Tagesangriffen hat auch die schwere Flak großen Anteil. Der K3 einer 8,8 cm Flak beim Laden.
Loading an 88 mm antiaircraft gun.

Verbesserte Kommandogeräte fassen die Bomberverbände auf und übermitteln in Sekundenschnelle die Schußwerte an die Geschütze. ▷
Ballistic directors of antiaircraft gun batteries.

◁ Rückansicht eines Flak-Kommandogerätes mit der Standplatte für den E-Messer.
Rear view of a ballistic director.

Während Feuerbereitschaft »Berta« (vorangemeldete Einflüge) ▷
wird die, wegen des nächtlichen Einsatzes verlorengegangene
Nachtruhe nachgeholt.

A tired gun crew takes advantage of the break between Allied
air raids.

Die Ringe an den Läufen einer 2 cm-Vierlingsflak zeigen an,
daß die Geschützbedienung bisher 4 Abschüsse erzielt hat.

The markings on the four-barrel 20 mm antiaircraft gun indicate four air victories.
▽

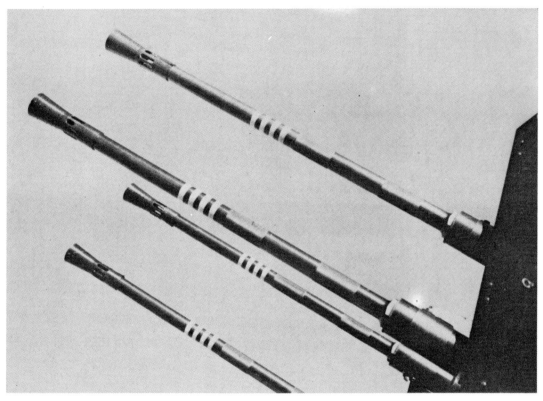

Im Juli/August 1943 werden erste Erfolge mit der 1-mot- ▷
Nachtjagd, der sog. »Wilden Sau« erzielt. Eine Rotte Bf 109F
in Bereitschaft erwartet die Einflüge in ihren Nachtjagdraum.

A group of pursuit night-fighters (Me 109) in readiness for a
sweep without radar assistance (Wilde Sau).

◁ Zu einer allgegenwärtigen Plage werden nach der Invasion die Jabo-Schwärme, die auf alles, was sich auf der Erde nur bewegt, ihr Feuer eröffnen.

One of the dangerous Allied fighter bombers.

Durch große Eindringtiefe zeichnet sich die North-American P-51 »Mustang« aus. Ein Flugzeug dieses Typs zieht nach einem Tiefangriff auf den Fliegerhorst Mainz-Finthen hoch. ▷

A North American P-51 Mustang fighter ground strafing the air base of Mainz-Finthen.

◁ In dem gemischten Verband, der sich auf abgestellte Flugzeuge in Mainz-Finthen stürzt, fliegen auch mit Raketen bestückte Republic P-47 »Thunderbolt«.

A Republic P-47 Thunderbolt fighter armed with rockets.

Bekannte Jagdflieger der Reichsverteidigung:
Famous German flying aces well known for their action during the air defense over Germany:

a) Oberstltn. Walter Oesau, JG 1
Lt.Col. Walter Oesau of JG 1

b) Ofw. Paul Gildner, NJG 1
Master Sgt. Paul Gildner of NJG 1

c) Hptm. Werner Baake, NJG 1
Capt. Werner Baake of NJG 1

d) Maj. Kurt Bühligen (ganz rechts), JG 2
Maj. Kurt Bühligen (far right) of JG 2

e) Lt. Klaus Bretschneider und Lt. Konrad Bauer, beide JG 300
Lt. Klaus Bretschneider and Lt. Konrad Bauer, both JG 300

f) Oberst Hajo Hermann, 30. Jagddiv.
Col. Hajo Hermann of 30th Fighter Division

◁ Infolge der ständigen Jabo-Angriffe wird es erforderlich, die Flugzeuge auf ihren Standplätzen gut gegen Fliegersicht zu tarnen.

Airplanes covered with camouflage nets for screening against ground-strafing attacks.

Im verstärkten Maße werden Splittergräben ▷ und Unterstände auf den Fliegerhorsten angelegt.

Dugout shelters and trenches are built to give protection against air raids.

In letzter Minute vor dem Start rollen die Jagdflugzeuge aus ihren Verstecken. Eine Bf 109G-14 auf der Rollfeldringstraße in Merzhausen.

An Me 109 on the runway of Merzhausen Airfield.
▽

Zwischen den rollenden Einsätzen bleiben den ▷ Piloten ein paar Minuten zu einer warmen Mahlzeit und einer Beruhigungszigarette direkt am Liegeplatz.

Relaxation between missions.

In dichter Formation ziehen die Bomberströme Tag für Tag über dem Reichsgebiet ihre, durch Kondensstreifen gezeichnete Bahn.

Day after day, the skies over Germany are darkened by bomber formations.

Begleitjäger P-51 »Mustang« sind in der Lage, die Bomber bis zum Zielort zu schützen.

The P-51 Mustang long-range fighter.

Trotz der zahlenmäßigen Übermacht gelingt es den deutschen Jägern immer wieder zu bemerkenswerten Abschußerfolgen zu kommen. Abgeschossene P-51 bei Oldenburg.

A P-51 fighter shot down near Oldenburg.

◁ Eine von Major Heinz Bär aus einem Verband geschossene B-17F.
A B-17 shot down by Major Heinz Bär.

Erst in den letzten Kriegsmonaten kommt der, ▷ den gegnerischen Jagdflugzeugen weit überlegene Turbojäger Me 262 zum Einsatz.
An Me 262 jet fighter in action during the last year of WW II.

◁ Versuchsweise wird die Me 262 zu einem Pulkzerstörer mit eingebauter schwerer Waffe, Maschinenkanone MK 214 (50 mm) weiterentwickelt.
The Me 262 is equipped with a 50 mm machine gun MK 214 for test purposes.

△
Die Luftherrschaft der Alliierten über dem Reichsgebiet wird durch die Vernichtung einer deutschen Großstadt nach der anderen erschreckend deutlich.
Leveled German cities testify to Allied air superiority.

△
Den traurigen Höhepunkt sinnloser Bombardierungen bildet der Großangriff auf die mit Flüchtlingen überfüllte Stadt Dresden am 14. Februar 1945.

The Allied air raid against Dresden was the tragic topic of the air war on 14 Feb 1945.

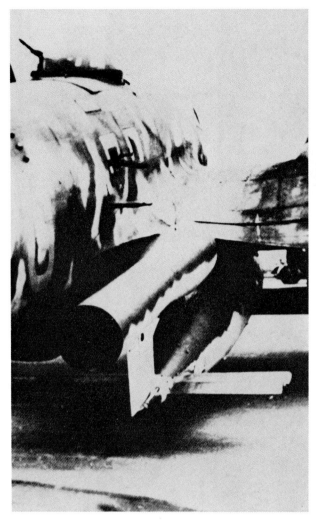

Neuartige Waffensysteme wie die Kombination »Mistel«, bei der das bemannte Jagdflugzeug (oben) einen unbemannten, mit Sprengstoff vollbeladenen Bomber (unten) ins Ziel steuert, sollen noch einmal eine Wende im Luftkrieg herbeiführen.
A new weapon system: Directed to the target by remote control, a fighter pilot releases a pilotless bomber filled with explosives.

◁ Der Versuch, He 111H mit untergehängten V-1 gegen England zu schicken, führt zu schwersten Verlusten unter den eingesetzten Kampfgruppen. Der nahende Zusammenbruch ist auch mit solchen Himmelfahrtkommandos nicht mehr aufzuhalten.
A V-1 rocket is attached beneath the belly of an He 111.

Nach den schwersten Verlusten beim Unternehmen »Bodenplatte« am 1. 1. 1945 war die Schlagkraft der Luftwaffe endgültig geschwunden. Die Gruppen wurden zwar materialmäßig wieder einigermaßen aufgefüllt, jedoch fehlte es an erfahrenen Piloten. Hinzu kam, daß durch die nahezu vollkommene Zerstörung des deutschen Verkehrsnetzes die notwendigen Treibstoffe nicht mehr herangebracht werden konnten. Der Himmel über Deutschland gehörte den alliierten Jägern und Bombern, die fast bis zum letzten Kriegstag kleine und kleinste Städte mit Bomben belegten. Durch das Fehlen eines Luftschirmes waren auch die Heeresverbände den Angriffen aus der Luft schutzlos preisgegeben. Die Rückzugsstraßen boten mit ihren vernichteten Fahrzeugen und den Pferdekadavern bespannter Kolonnen ein chaotisches Bild.
In den Tagen vor der Kapitulation wurde die Mehrzahl der fliegenden Luftwaffenverbände aufgelöst. Die noch verbliebenen flugbereiten Maschinen wurden durch Sprengung zerstört. Nur wenige Einheiten übergaben nach dem Waffenstillstand am 5. Mai 1945 ihre Flugzeuge den einrückenden alliierten Truppen. Die Flugplätze gleichen mit ihren Flugzeugwracks, den gesprengten Hallen und Werften einem riesigen Schrottplatz. Schlimmer als alle materiellen Verluste wiegen jedoch die Opfer unter der Fliegertruppe, die in den vergangenen sechs Kriegsjahren bei aufreibenden Einsätzen auf allen Kriegsschauplätzen den Stamm ihres Personales verlor. Ihnen, den Opfern eines sinnlosen Krieges, sei am Ende dieses Buches gedacht.

Due to its high losses, "Operation Bodenplatte" breaks the back of the German Luftwaffe. The lack of pilots and fuel does not allow the high command of the Luftwaffe to establish new and effective fighter and bomber units.
The Allied air forces have achieved control of the air in all areas. The road and railway systems are paralyzed. The refineries are under continuous attack and even small towns are raided. The routes of the retreating soldiers are littered with wreckage. During the days before the capitulation, most of the units of the Luftwaffe are released. Only a few units surrender their planes to the Allies. On 5 May 1945, when the armistice was signed, the advancing Allied armies found destroyed airbases covered with wrecked aircraft – the German Luftwaffe had ceased to exist after fighting a six year war.

△
Das Ende der Luftwaffe! Mit Flugzeugtrümmern übersäte Flugplätze, gesprengte und zerbombte Platzanlagen. Die Schwingen des einst steil in die Höhe steigenden Luftwaffen-Adlers sind gebrochen!
The end of the German Luftwaffe.

Anlagen

Der erste Generalstabschef der deutschen Luftwaffe, General Wever, forderte in klarer Erkenntnis schon 1935, die Entwicklung eines viermotorigen strategischen Bombers. Die deutsche Luftfahrtindustrie war durchaus in der Lage, ein derartiges Flugzeug zu schaffen. Bereits 1936 hatten Junkers den viermotorigen Typ Ju 89 und Dornier den ebenfalls viermotorigen Bomber Do 19 als Prototypen entwickelt. Beide Flugzeuge wiesen für damalige Verhältnisse ausgezeichnete Leistungen auf, und sie hätten sich bei weiterer zielbewußter Entwicklung den englischen und amerikanischen viermotorigen Bombern bestimmt zum mindesten als ebenbürtig, wenn nicht sogar als überlegen gezeigt. Sämtliche Nachfolger Wevers unterschätzten jedoch die Bedeutung der schweren viermotorigen strategischen Bomber und bevorzugten den mittleren Bomber, der zudem auch noch Sturzflugeigenschaften aufweisen sollte. Als dann der Zweite Weltkrieg ausgebrochen und England auf die Seite der Gegner Deutschlands getreten war, verfügte die deutsche Luftwaffe über keinen brauchbaren Langstrecken-Bomber und mußte sich mit dem zu einem Kriegsflugzeug umgebauten Verkehrsflugzeug Focke Wulf Fw 200 »Condor« begnügen.

Beim deutschen Jagdeinsitzer Bf 109 war die Höchstgeschwindigkeit die wichtigste Forderung gewesen und es wurde, um dieses Ziel zu erreichen, geringere Wendigkeit und längere Steigzeit dabei in Kauf genommen. Das gesteckte Ziel, eine allen anderen damaligen Flugzeugen überlegene Geschwindigkeit, wurde erreicht. Die dabei in Kauf genommenen Nachteile zeigten sich dann in der Praxis des Krieges weit schwerwiegender, als man angenommen hatte, zumal sogar die Überlegenheit an Geschwindigkeit gegenüber den damaligen besten englischen Jägern, im Fall »Hurricane« nicht sehr wesentlich, im Fall »Spitfire« nur sehr gering war.

Die Engländer gaben dem »massierten Feuer« den Vorzug. Die »Hurricane« und »Spitfire« besaßen anfangs 8, später 12 starre Maschinengewehre. Als dann die Engländer im Laufe des Krieges zur Kanone des Kalibers 20 mm übergingen, blieben sie trotzdem dem Prinzip des »massierten Feuers« treu, denn sie bewaffneten dann ihre Jäger entweder mit 4 Kanonen oder mit 2 Kanonen und 4 Maschinengewehren, während die deutschen Jäger Bf 109 und Focke-Wulf Fw 190 entweder mit 1 Kanone und 2 Maschinengewehren oder mit 2 Kanonen und 2 Maschinengewehren oder nur mit 4 Maschinengewehren ausgerüstet blieben.

Besonders schwerwiegend wirkte sich aus, daß man bei dem deutschen Jagdeinsitzer Bf 109, um eine absolute Überlegenheit in bezug auf Geschwindigkeit zu erzielen, auch die Flugdauer sehr kurz bemessen hatte. Die gesamte taktische Flugzeit betrug bei der Me 109 lediglich 80 Minuten. Für den Einsatz beim Schutz des deutschen Heimatgebietes hätte diese Flugzeit ausgereicht, dagegen war sie völlig ungenügend, um die Bf 109 als wirklich wirkungsvollen Geleitschutz der deutschen Bomber bei der Schlacht um England einzusetzen.

Als bestes Flugzeug für den Geleitschutz hatte man in Deutschland vor dem Kriege und bis zur Schlacht um England den Zerstörer Messerschmitt Bf 110 betrachtet. Theoretisch sollte er die gleiche Geschwindigkeit wie der Jagdeinsitzer Messerschmitt Bf 109 E, also 570 km/h erreichen, praktisch dagegen erzielte er nur 500 km/h und lag damit 60 km unter der Geschwindigkeitshöchstleistung des englischen Jagdeinsitzers »Spitfire«. Seine Unterlegenheit im Luftkampf gegenüber den englischen Jagdeinsitzern »Hurricane« und »Spitfire« war derart groß, daß die Zerstörer Bf 110 ihre Aufgaben nur durchführen konnten, wenn sie ihrerseits genau wie die Bomber über Jagdschutz durch Jagdeinsitzer Bf 109 verfügten.

Gegenüberstellung der Jagdeinsitzer Messerschmitt Me 109, Hawker »Hurricane«, Vickers-Supermarine »Spitfire«

(Die Angaben gelten für die letzte und beste Ausführung der genannten Muster vor Ausbruch des Zweiten Weltkrieges.)

Messerschmitt Bf 109 E:
    Motor Daimler-Benz DB 601
    Höchstleistung   1100 PS
    Flügelfläche   16,4 m²
    Fluggewicht   2500 kg
    Flächenbelastung   152,5 kg/m²
    Höchstgeschwindigkeit   570 km/h

Hawker »Hurricane I«:
    Motor Rolls-Royce »Merlin III«
    Höchstleistung   1030 PS
    Flügelfläche   23,9 m²
    Fluggewicht   2700 kg
    Flächenbelastung   112,9 kg/m²
    Höchstgeschwindigkeit   530 km/h

Vickers-Supermarine »Spitfire I«:
    Motor Rolls-Royce »Merlin II«
    Höchstleistung   1030 PS
    Flügelfläche   22,5 m²
    Fluggewicht   2600 kg
    Flächenbelastung   115,5 kg/m²
    Höchstgeschwindigkeit   560 km/h

Die Gesamt-Flugzeug-Produktion deutscher Flugzeuge 1939–1945

(Quelle: H. A. Jacobsen: Der Zweite Weltkrieg in Chronik und Dokumenten.)

	1939	1940	1941	1942	1943	1944	1945	insgesamt
Bombenflugzeuge	737	2 852	3 373	4 337	4 649	2 287	—	18 235
Jagdflugzeuge	605	2 746	3 744	5 515	10 898	25 285	4 936	53 729
Schlachtflugzeuge	134	603	507	1 249	3 266	5 496	1 104	12 359
Aufklärungsflugzeuge	163	971	1 079	1 067	1 117	1 686	216	6 299
Seeflugzeuge	100	269	183	238	259	141	—	1 190
Transportflugzeuge	145	388	502	573	1 028	443	—	3 079
Kampf- u. Lastensegler	—	378	1 461	745	442	111	8	3 145
Verbindungsflugzeuge	46	170	431	607	874	410	11	2 549
Schulflugzeuge	588	1 870	1 121	1 078	2 274	3 693	318	10 942
Strahlflugzeuge	—	—	—	—	—	1 041	947	1 988
	2 518	10 247	12 401	15 409	24 807	40 593	7 540	113 515

Flugverluste

Nur Einsatzflugzeuge (von 10 Prozent Beschädigung bis zum Totalverlust)

Datum	Bomber	Schlacht-flieger	Jäger, Zerst., Nachtjäger	Summe	Hauptkriegsschauplätze
1. 9. 39 – 9. 5. 40	491	61	385	937	Polen, Stellungskampf im Westen, Norwegen
10. 5. 40 – 1. 7. 40	635	147	457	1 239	Frankreich, Norwegen
1. 7. 40 – 1. 4. 41	1 972	263	1 850	4 085	Mittelmeer, Balkan, »Schlacht um England«
1. 4. 41 – 28. 6. 41	1 000	160	1 000	2 160*	Balkan, Großbritannien, Beginn des Rußlandfeldzuges
29. 6. 41 – 30. 6. 42	3 601	769	4 159	8 529	Sommer- und Winterkrieg in Rußland, Mittelmeer und Norwegengeleite
1. 7. 42 – 31. 12. 42	2 006	452	2 782	5 240	Kaukasus, Stalingrad, Afrika – Tunis, Norwegengeleite
Summe	9 705	1 852	10 633	22 190	in 40 Monaten

Datum	Bomber	Schlacht-flieger	Jäger, Zerst., Nachtjäger	Summe	Hauptkriegsschauplätze
1. 1. 43 – 1. 7. 43	2 127	718	4 470	7 315	Kampf um d. Luftherrschaft über dem Reich
1. 7. 43 – 31. 12. 43	2 794	1 195	6 191	10 180	Rückzug in Rußland und Italien, Kursk-Offensive
Summe	4 921	1 913	10 661	17 495	in 12 Monaten
1. 1. 44 – 31. 3. 44	1 407	542	3 900	5 849	Reich: Höhepunkt des Kampfes über dem Reich um die Luftherrschaft
1. 4. 44 – 30. 5. 44	1 228	679	3 092	5 809	Italien, Rußland
Summe	2 635	1 221	7 802	11 658	in 5 Monaten
1. 6. 44 – 31. 8. 44	1 874	1 345	7 855	11 074	Endkampf über dem Reich, an der Ost- und Westfront, Ardennen-Offensive
1. 9. 44 – 31. 12. 44	788	1 056	7 704	9 548	
Summe	2 662	2 401	15 559	20 622	in 7 Monaten
Gesamt	19 923	7 387	44 655	71 965	in 64 Monaten

* Errechnet, da für diese Periode aus den vorliegenden Quellen nicht aufschlüsselbar. Quelle: Nach Angaben der General-Quartiermeister 1939–1944.

Die deutsche Jagdwaffe

Die Stärke der deutschen Jagdwaffe an allen Fronten (ohne Reichsverteidigung)

		Ist-Stärke	einsatzbereit
am 6. 6. 44 an der Ostfront	(Rußland)	550	282
am 22. 6. 44 an der Ostfront	(Rußland)	441	294
am 6. 6. 44 an der Westfront	(Frankreich, Holland, Belgien)	288	156
am 22. 6. 44 an der Westfront	(Frankreich, Holland, Belgien)	704	467
am 6. 6. 44 an der Südfront	(Italien-Mittelmeer)	171	103
am 22. 6. 44 an der Südfront	(Italien-Mittelmeer)	102	71
am 6. 6. 44 an der Südostfront	(Balkan, Griechenland)	100	44
am 22. 6. 44 an der Südostfront	(Balkan, Griechenland)	158	82
am 6. 6. 44 an der Nordfront	(Norwegen)	79	51
am 22. 6. 44 an der Nordfront	(Norwegen)	78	48
	zusammen am 6. 6. 44	1 188	636
	zusammen am 22. 6. 44	1 483	962

Die Stärke der deutschen Jagdwaffe in der Reichsverteidigung

		Ist-Stärke	einsatzbereit
am 6. 6. 44	(bei Invasionsbeginn)	1 179	656
am 22. 6. 44	(nach Invasionsbeginn)	538	288

Spitzengliederung der Deutschen Luftwaffe

Der Reichsminister und Oberbefehlshaber der Luftwaffe
(RdL u. ObdL)
 Gen.Feldm./Reichsmarschall Göring (bis 23. 4. 1945)

Oberbefehlshaber der Luftwaffe
 Gen.Oberst/Gen. Feldm. Ritter v. Greim (seit 25./27. (?) 4. 1945

Generalinspekteur der Luftwaffe
 Gen.Oberst/Gen.Feldm. Milch (Vertreter RdL u. ObdL – bis 8. 1. 1945).

Chef des Generalstabes der Luftwaffe
 Gen.Maj./Gen.Oberst Jeschonnek (bis 19. 8. 43) – Gen.d.Flieg./Gen. Oberst Korten (25. 8. 43 – 22. 7. 44) – Gen.d.Flieg. Kreipe (m.d.W.b.) (1. 8. 44 – Okt. 44) – Gen.d.Flieg. Koller (2. 11. 44 – Ende).

Chef des Luftwaffenführungsstabes
 Gen.Lt. Hoffmann v. Waldau (bis 10. 4. 42) – Gen.Oberst Jeschonnek (in Personalunion mit ChefdGenSt. d. Lw bis März 1943) – Gen.Lt. Meister (bis Okt. 43) – Gen.Lt./Gen.d.Flieg. Koller (bis Aug. 44) – Oberst Christian (bis April 45) – Gen.Maj. Schulz (bis Ende).

Chef der Luftwehr
 Gen.Oberst Rüdel (bis 30. 6. 41).

General der Jagdflieger
 Oberst W. Mölders (Sommer 41 – Nov. 41) – General A. Galland (Nov. 41 – Jan. 45) – Oberst G. Gollop (Jan. 45 – Kriegsende).

General der Nachtjagd
 Genlt. J. Kammhuber (Sept. 43 – Nov. 43) – Oberst W. Streib (März 44 – Kriegsende).

General der Schlachtflieger
 Oberst G. Kupfer (Sept. 43 – Nov. 43) – Oberst U. Rudel (Ende 44 – Kriegsende).

General der Kampfflieger
 Oberst D. Peltz – Oberst W. Baumbach.

General der Transportflieger
 Gen. d. Flieger K. Cöler (Okt. 41 – Jan. 45).

General der Flakartillerie (später: der Flakwaffe) beim RdL u. ObdL
 Gen.Oberst Rüdel (bis 30. 6. 41) – Gen.Lt. Steudemann – Gen.Lt./Gen.d.Flakart. v. Axthelm (bis Febr. 45) – Gen.Lt. Dipl.-Ing. Burchard (Febr./März 45) – Gen.d.Flakart. Pickert (bis Ende).
 Chef AusbAbt. (1944/45) Maj. i.G. Jantzen.

Inspekteure der Flakartillerie
 Gen.Maj./Gen.Lt. Steudemann (bis Febr. 42) – Gen.Lt./Gen.d.Flakart. v. Axthelm (bis Ende).
 Chef des Stabes Maj. Dr. Kretschmann (bis 20. 7. 40 als Stabsoffz. beim Stabe) – Oberstlt. Dr. Rudhart (bis 14. 4. 42) – Oberstlt. Stahms – Oberstlt. i.G. Fischer (Kurt) – Oberstlt. i.G. Herzberg.

Kommandobehörden der Luftwaffe

Luftflotten- und Luftwaffenkommandos

Luftflotte 1	Gen.d.Flieg. Kesselring (bis 12. 1. 40) – Gen.d.Flieg. Stumpf (bis 10. 5. 40) – Gen.d.Flieg. Wimmer (m.d.W.b.) (bis 19. 8. 40) – Gen.d.Flieg./Gen.Oberst Keller (bis Juni 41) – Gen.d.Flieg. Korten (bis 23. 8. 43) – Gen.d.Flieg. Pflugbeil (bis Ende).
Einsatz:	1939 Polen und Reichsverteidigungs-Ost; 1939/41 Reichsverteidigung; Juni 41 Rußland-Nord; 16. 4. 45 – Lw Kdo Kurland.
Luftflotte 2	Gen.d.Flieg. Felmy (bis 12. 1. 40) – Gen.d.Flieg./Gen.Feldm. Kesselring (bis 12. 6. 43; seit 1. 12. 41 in Personalunion OB Süd) – Gen. Feldm. Frhr. v. Richthofen (bis 27. 10. 44)
Einsatz:	Reichsverteidigung-West/Feldzug im Westen/Kampf gegen England (bis 14. 6. 41) – Rußland-Mitte (bis 30. 11. 41) – Italien/Afrika/Mittelmeer (bis 11. 6. 43) – Italien/westl. Mittelmeer – 28. 10. 44 = LwKdo Süd
Luftflotte 3	Gen.d.Flieg./Gen.Feldm. Sperrle (bis 22. 8. 44) – Gen.Oberst Deßloch (bis 27. 9. 44)
Einsatz:	Reichsverteidigung-West/Feldzug im Westen/Kampf gegen England und gegen die Invasion; 28. 9. 44 = LwKdo West
Luftflotte 4 (*LwKdo 4*)	Gen.d.Flieg./Gen.Oberst Löhr (bis Juni 1941) – Gen.Oberst Frhr. v. Richthofen (bis 11. 6. 43) – Gen.d.Flieg. Holle (m.d.W.b.) (bis 27. 9. 44) – Gen.Oberst Deßloch (bis 6. 4. 45 bzw. als LwKdo 4 bis 27. 4. 45) – Gen.d.Flieg. Deichmann (bis Ende als LwKdo 4)
Einsatz:	Feldzug gegen Polen-Reichsverteidigung Südost – Balkanfeldzug 1941 – 1941/44 Rußland-Süd/Balkan – 1944/45 Balkan/Ungarn/Slowakei (als LwKdo 4 unter OB Luftflotte 6)
Luftflotte 5	Gen.Oberst Milch (12. 4. – 10. 5. 40) – Gen.d.Flieg./Gen.Oberst Stumpf (bis 6. 11. 43) – Gen.d.Flieg. Kammhuber (bis 10. 10. 44)
Einsatz:	April/Mai 1940 mit den Aufgaben eines LGKdo beim Unternehmen »Weserübung« in Nordwest-Europa, dann Führung der Luftwaffe in Norwegen und später auch Finnland-Eismeerfront; 10. 10. 44 +; Befehlsbereich tritt, soweit noch in deutscher Hand, unter unmittelbaren Befehl des ObdL bzw. unter Luftflotte Reich
Luftflotte 6	Gen.Oberst Ritter v. Greim (bis 27. 4. 45) – Gen.Oberst Deßloch (bis Ende)
Einsatz:	5. 5. 43 aus LwKdo Ost für Rußland-Mitte; 1944/45 Führung Rußland-Mitte/Polen/Slowakei/Böhmen-Mähren/Kroatien mit unterstelltem LwKdo 4; Gefechtsstand 8. 2. 45 Cottbus
LwKdo VIII	Gen.d.Flieg. Seidemann

Einsatz:	29. 4. 45 aus GenKdo VIII. Flieg.Korps mit unterstelltem II. Flakkorps und LGKdo VIII zur Führung im Raum Schlesien – Böhmen-Mähren unter dem OB Luftflotte 6 aufgestellt.
Luftflotte 10	Ersatz-Luftwaffe
LwKdo DON	Gen.Lt. Korten
Einsatz:	1. 10. 42 aus Gen. Kdo I. Flieg.Korps; unmittelbar ObdL zur Zusammenarbeit mit HGrp. DON bzw. A/B unterstellt; wird 1. 4. 43 wieder Gen.Kdo I. Flieg.Korps
LwKdo KURLAND	Gen.d.Flieg. Pflugbeil
Einsatz:	17. 4. 45 aus den Resten der bei der gleichnamigen HGrp. eingesetzten Luftflotte 1 gebildet; unterstellt war u. a. 6. FlakDiv.
LwKdo NORDOST	Gen.d.Flieg. Fiebig
Einsatz:	2. 4. 45 aus Gen.Kdo II. Flieg.Korps für den Bereich der HGrp. Weichsel aufgestellt und hier unter OB Luftflotte Reich bis Kriegsende eingesetzt; unterstellt war zeitweilig I. Flakkorps
LwKdo OST	Gen.d.Flieg./Gen.Oberst Ritter v. Greim
Einsatz:	1. 4. 42 aus Gen.Kdo V. Flieg.Korps für den Bereich der HGrp. (Rußland-) Mitte aufgestellt; wird im gleichen Einsatzraum am 6. 5. 43 Luftflotte 6; unterstellt: 12., 18. FlakDiv., I. Flakkorps
LwKdo OSTPREUSSEN (I)	GenLt. Wimmer
Einsatz:	Polenfeldzug unter OB Luftflotte 1; 30. 9. 39 aufgelöst
(II)	Gen.Maj. Uebe (bis 25. 4. 45) – Gen.Maj. Sachs (bis Ende)
Einsatz:	21. 1. 45 zur Führung der in Ost- und Westpreußen abgetrennten Luftwaffenteile unter Auflösung des LG Kdo I aufgestellt; unterstand bis Anfang April Luftflotte 6, dann Luftflotte Reich; 18. Flak.Div. unterstellt
LwKdo SÜD	Gen.d.Flakart. Ritter v. Pohl
Einsatz:	28. 10. 44 aus Luftflotte 2 und Stab ITA-LUFT zur Führung der Luftwaffe in Italien aufgestellt; wird dort im Dez. 1944 bis Kriegsende unter gleicher Führung Stab/Kom.Gen.d.Deutschen Lw. in Italien (s. auch Luftflotte 2)
LwKdo SÜDOST	Gen.d.Flieg. Hoffmann v. Waldau (bis 17. 3. 43) – Gen.d.Flieg. Fiebig (bis 1. 9. 44) – Gen.d.Flieg. Fröhlich (bis Ende)
Einsatz:	1. 1. 1943 aus Gen.Kdo X. Flieg.Korps zur Führung der Luftwaffe in Griechenland, seit Sept. 44 auf dem gesamten Balkan, außer Rumänien und Ungarn, gebildet. Stand bis 10. 3. 43 noch unter OB Luftflotte 2; 18. 11. 44 unter Abgabe der Truppen an Luftflotte 4 aufgelöst.
Unterstellt:	Feld-LGKdo XXX-Luftgaustab – Südost – zeitweilig auch Kreta – 19., 20. FlakDiv. – Deutsche

	Lw – Missionen bzw. Kom.Gen. der Lw in Bulgarien, Griechenland, Kreta, Nordbalkan; zeitweilig auch 5.-FlakDiv.
LwKdo WEST	Gen.d.Flieg. Holle (bis 12. 12. 44) – Gen.Lt. Schmid (bis 27. 4. 45) – Gen.Lt. Harlinghausen (bis Ende)
Einsatz:	Am 26. 9. 44 aus Luftflotte 3 zur Führung der Luftwaffenteile gegen den Westgegner aufgestellt; unterstand bis 20. 4. 45 Luftflotte Reich, dann Luftflotte 6; Gefechtsstand Febr./März 1945 Dehrn bei Limburg/Lahn

Reichsluftverteidigung

Verantwortlich für die Luftverteidigung in ihren Bereichen waren zunächst die Luftflottenkommandos und die ihnen unterstellten LGKdo. Im Oktober 1940 wurde zunächst die Flakartillerie in den Luftgauen III und IV unter dem aus dem GenKdo. I. Flakkorps unter Gen. Oberst Weise gebildeten Stab/Befh.Lv i.d. LG III und IV (Berlin) zusammengefaßt. Daraus wurde mit dem 24. 3. 1941 der Stab/Lw-Befh.Mitte gebildet. Bereits ab 19. 7. 1940 war in diesem Raum, außer der Flakartillerie, die 1. Jagddiv., später XII. Flieg.Korps, eingesetzt, ein Verband, der ebenfalls unter den Befehl des Lw-Befh. Mitte trat.

Luftwaffenbefehlshaber Mitte (Berlin):

	Gen.Oberst Weise (bis 23. 12. 43) – Gen.Oberst Stumpf (bis 5. 2. 44)
Befehlsbereich	LGKdo III/IV, VI, VII und XI in jeder Hinsicht; LGKdo XII/XIII anfangs nur bezüglich Flakeinsatz; seit November 1943 ebenfalls in jeder Hinsicht; LGKdo I, II, VIII (bisher Luftflotte 2 bzw. 1 oder LwKdo Ost) und XVII (bisher Luftflotte 4) seit 1. 1. 43. 1943 zeitweise außerdem Bereich Dänemark und Ungarn. Die dem ObdL unmittelbar unterstellte Kommandobehörde wird mit dem 5. 2. 44 in Luftflotte Reich umbenannt.
Luftflotte Reich (Berlin)	Gen.Oberst Stumpf (bis Kriegsende)
Befehlsbereich:	LGKdo I (bis 7. 8. 44) – LG III/IV (bis Kriegsende) – LGKdo V (23. 9. 44 – 2. 4. 45) – LGKdo VI (bis Ende Febr. 1945) – LGKdo VII (bis Ende März 1945) – LGKdo VIII (bis Mitte Jan. 1945 und wieder seit 1. 3. 45) – LGKdo XI (bis Kriegsende) – LGKdo XII (bis 8. 5. 44) – LGKdo XIV (6. 9. 44 – 23. 3. 45) – LGKdo XVII (bis 21. 4. 45) – außerdem vorübergehend: LwKdo Ostpreußen und Nordost sowie die Bereiche Dänemark, Kanalinseln, Norwegen und Ungarn.

Der Geschützbestand der Flakartillerie der Luftwaffe
(Nach Zusammenstellungen des Gen-St. d. Lw/Generalquartiermeister)

	August 1944 Eingesetzt: (einschl. Flakausbildg)	Februar 1945	Zuführung aus der Neufertig.	Total
1. Leichte Flak:				
2cm-Flakvierling 38 (sfl)		110	–	110
2cm-Flakvierling 38 (v)	2 120	2 369	3	2 372
2cm-Flakvierling 38 (o)	1 485	1 372	174	1 546
	3 605	3 851	177	4 028
2cm-Flak 30/38 (v)	15 900	8 322	–	8 322
2cm-Gebirgsflak	43	180	–	180
2cm-Flak 30/38 (o)	1 645	2 178	–	2 178
	17 588	10 680	–	10 680
Leichte Flak Total:	21 193	14 531	177	14 708
2. Mittlere Flak:				
5cm-Flak 41 (v)	44	48	–	48
3,7cm-Flakzwilling 43 (v)	40	214	107	321
3,7cm-Flakzwilling 43 (o)	12	176	83	259
	52	390	190	580
3,7cm-Flak 43 (v)	283	867	181	1 048
3,7cm-Flak 18/36/37 (v)	2 900	2 295	59	2 354
3,7cm-Flak 43 (o)	221	165	113	278
3,7cm-Flak 18/36/37 (o)	1 300	374	–	374
	4 704	3 701	353	4 054
Mittlere Flak Total:	4 800	4 139	543	4 682
3. Schwere Flak:				
12,8cm-Flakzwilling 40 (o)		34	4	38
12,8cm-Flak 40 (v)	27	4	–	4
12,8cm-Flak 40 (o)		362	67	429
12,8cm-Flak 40 (Eisb)	76	195	17	212
	103	595	88	683
10,5cm-Flak 38/39 (v)	1 025	884	14	898
10,5cm-Flak 38/39 (Eisb)	166	110	–	110
10,5cm-Flak 38/39 (o)	877	869	7	876
	2 068	1 863	21	1 884
8,8 cm-Flak 41 (v)	159	279	8	287
8,8cm-Flak 18/36/37 (v)		3 452	138	3 590
8,8cm-Flak 36/37 (Eisb)		41	–	41
8,8cm-Flak 18/36/37 (behelfsm. v)	10 930	1 493	–	1 493
8,8cm-Flak 18/36/37 (o)		4 003	175	4 178
8,8cm-Flak 37/41 (o)		7	–	7
8,8cm-Flak 37/41 (behelfsm. v)		6	–	6
	11 089	9 281	321	9 602
Schwere Flak Total:	13 260	11 739	430	12 169
Sämtliche Flak:	39 253	30 409	1 150	31 559

4. Fla-Raketenwerfer »Föhn«:

7,3 cm-Fla-R-Werfer (v)	–	59	–	59
7,3 cm-Fla-R-Werfer (o)	–	24	–	24
Total:	–	83	–	83

5. Flakscheinwerfer und Ringtrichter-Richtungshörer:

Im August 1944 waren vorhanden:

60 cm-Flak-Scheinwerfer:	5582 (v) und 794 (o)	Total: 6376
150 cm-Flak-Scheinwerfer:	5675 (v) und 1636 (o)	Total: 7311
150 cm-Flak-Scheinwerfer-Vierlinge:	61 (o)	Total: 61
200 cm-Flak-Scheinwerfer:		Total: 2262
Ringtrichter-Richtungshörer:		Total: 5559

Angaben über die gleichzeitig eingesetzten Beute-Flak und die bei Heer, Marine und Waffen-SS vorhandenen Flugabwehrgeräte fehlen.

6. Nach Ermittlungen der Generalstabes der Luftwaffe, GenQu, entfiel auf jeden Flugzeugabschuß mit Flakwaffen im Jahre 1944 durchschnittlich folgender Verbrauch an Munition:

16 000 Schuß 8,8 cm-Granaten (Flak 36/37)
8 500 Schuß 8,8 cm-Granaten (Flak 41)
6 000 Schuß 10,5 cm-Granaten
3 000 Schuß 12,8 cm-Granaten

Zum Abschuß der 8706 Feindflugzeuge, die die Flakartillerie der Luftwaffe bis zum 31. 12. 1942 gemeldet hatte, waren 35 322 260 Flakgranaten aller Kaliber verbraucht worden.

Überblick über die Waffenwirkung der Luftverteidigung. Danach erlitten die 4mot-Kampfverbände der Amerikaner über dem Reichsgebiet und seinem westlichen Vorfeld folgende Verluste:

Zeitraum	Totalverluste durch		Zurückgekehrt, jedoch mit Beschädigungen durch	
	Jäger	Flak	Jäger	Flak
August–September 1942	26	5	106	115
1943 – insgesamt	676	233	1 950	4 577
1. 1. – 30. 4. 1944	741	379	948	8 847
1. 5. – 30. 6. 1944	239	269	286	7 920
Gesamt in 23 Monaten:	1 682	886	3 290	21 459

Quellenverzeichnis:

H. A. Jacobsen – Der zweite Weltkrieg in Chronik und Dokumenten, Georg W. Feuchter – Der Luftkrieg, Karl Ries – Dora Kurfürst und rote 13, Cajus Becker – Angriffshöhe 4000, W. E. v. Medem – Fliegende Front, Herhudt v. Rohden – Die Luftwaffe ringt um Stalingrad, H. Eichelbaum – Die deutsche Luftwaffe in Polen, Bishop – Die Schlacht um England, Collier – Adlertag, Galland – Die deutsche Luftwaffe im Kampf, Köhler – Bibliographie des Luftkrieges, Völker – Die deutsche Luftwaffe, Morzik – Die deutschen Transportflieger im 2. Weltkrieg, Hadeball – Nachtjagd, Sims – Jagdflieger, Hoffmann – Die Geschichten der deutschen Luftnachrichtentruppe, Böhmler – Fallschirmjäger, Koch – Flak.